KB054626

팔리는 콘텐츠의 비밀

팔리는
콘텐츠의
비밀 <small>(ft.스토리텔링)</small>

소설에서 시나리오, 게임까지
이야기의 구조를 짓다

김정석 지음

생각정거장

글쓰기, 스토리텔링에도
요령이 있다

문화산업이 발전하면서 잘 만든 영화 한 편, 게임 하나가 자동차 수출보다 훨씬 더 많은 수익을 올리는 시대가 된 지 오래다. 드라마가 우리나라를 세계에 알리는 첨병 역할을 하면서, 잘 만들어진 이야기 하나가 얼마나 큰 파급력을 갖고 있는지를 두 눈으로 확인하고 모두들 놀랐다. '원소스 멀티유즈One Source Muti-Use' 개념에 따라 잘 만들어진 이야기는 영화나 드라마, 게임으로 장르를 넘나들며 새롭게 탄생하고 확산되며 부가가치를 만들어냈다.

좋은 시나리오에서 나쁜 영화가 나올 수는 있지만, 나쁜 시나리오에서는 결코 좋은 영화가 나올 수 없다는 말이 있다. 예를 들어, 대한민국 스토리공모대전에서 우수상을 수상했던 〈태양의 후예〉는 드라마로 만들어져 성공적인 한류 콘텐츠로 자리매김했고, 관광 상품에서 광고에 이르기까지 수많은 부가가치를 만들어냈다. 그 외에도 〈곡성〉, 〈별에서 온 그대〉, 〈도깨비〉 같은 작품들은 스토리의 힘이 얼마나 큰가를 보여준 예다.

그리고 갈수록 게임 분야에서도 스토리텔링의 중요성이 확대되고 있다. 반짝이는 아이디어와 그래픽, 재미로 하나의 게임이 성공을 거두면 바로 비슷한 유형의 게임들이 만들어진다. 아이디어의 고갈로 더 이상 새로운 방식의 획기적인 게임 장르가 만들어지기 힘들기 때문이다. 근데 이마저도 금세 싫증을 내고 이탈하는 경우가 많다. 이제 단순히 기술적 조작만으로는 재미를 생산해내기 어려운 시점에 와 있다. 관건은 그 기술적 조작이 어떤 이야기를 따라 이루어지며 얼마나 흥미로운 세계관을 관통하게 만드느냐 하는 것이다.

그래서 각 교육기관에마다 디지털 스토리텔링의 중요성을 인식하고 그에 대한 교육과정을 설치·운영하고 있지만 배우는 사람들로 하여금 무릎을 탁 치게 만들 만큼 확실한 기준을 제시하지 못하고 있다. 디지털과 스토리텔링 개념이 서로 혼재되어 있으며 모든 장르에 적용될 수 있기 때문에 한 가지로 정의 내리기 어렵기 때문이다. 그래서 이론적 기준을 세우는 작업도 중요하겠지만, 배우는 사람이 어떻게 하면 쉽고 정확하게 그 개념을 체득하도록 하느냐가 더 중요하다.

더구나 '원소스 멀티유즈'를 강조하면서 그것을 새로운 기술 분야의 발전인 양 생각하는 풍토도 문제다. 멀티유즈가 있어도 제대로 된 하나의 소스가 없는 것이 작금의 현실이다. 아무리 새로운 기술이 개발된다고 해도 그것을 통해 전달할 소스가 없다면, 그 기술은 그저 화려한 스펙의 껍데기에 지나지 않는다. 흔히 말하는 '콘텐츠 산업의 육성'이 그러한 기술적 진보만을 의미하지는 않을 것이다. 그런데도 불구하고 너도 나도 기술의 중요성만을 강조하고 그 안에 담길 콘텐츠 개발은 뒷전인 경우가 많다.

그래서 훌륭한 기술력을 가지고 있음에도 불구하고 그 안에 담을 내용물이 없는 상황이다. 흔히 닌텐도의 성공담을 들먹이며 우리에게도 그런 기술이 필요하다는 말을 한다. 하지만 닌텐도 같은 플랫폼을 개발하는 것이 아니라, 그 안에 담을 수 있는 다양한 내용의 콘텐츠를 개발하는 것이 더 중요하다. 닌텐도를 못 만드는 것이 아니다. 만들어도 그 안에 담을 것이 없어서 만들어봤자 소용이 없다는 것이 문제다. 아무리 획기적인 것이라고 해도 실제적인 활용도가 떨어지는 기술은 사용가치를 갖지 못하기 때문에 상품으로써의 가치를 획득하기 어렵다. 그렇기 때문에 '원소스 멀티유즈'를 이야기할 때, 더 무게를 두어야 하는 쪽은 새로운 기술력이 아니라 재미있는 이야기의 개발이다. 그래서 스토리텔링의 중요성은 다시 강조된다.

누구나 한번쯤 잘 만들어진 미드에 빠져본 적이 있을 것이다. 아니면 막장이라고 욕하면서도 특정한 시간만 되면 텔레비전 앞에 앉아 드라마를 보고 있는 자신을 발견한 적이 있을 것이다. 경연 프로그램을 보면서 가수의 노래보다 그 가수의 인생 이야기에 눈시울을 적신 사람도 있을 테고, 악마의 편집이니 뭐니 비판을 하면서도 대결 구도에 눈을 떼지 못한 사람도 있을 것이다. 혹은 덕력(?)이 충만해 미드나 일드에 빠져 의도치 않게 외국어를 습득한 능력자도 더러 있으리라 생각한다. 그것도 아니면 취학이나 취업에 필요한 자기소개서를 어떻게 써야 할지 몰라 소위 '글발 좋은' 누군가에게 도움을 요청한 적이 있을 것이다.

현대는 스토리텔링의 시대며, 인간의 삶 자체가 스토리텔링이다. 자기 자신을 알리는 것부터 비즈니스에 이르기까지 어느 하나 스토리텔링이 적용되지 않는 게 없다. 그러면 사람들은 왜 그렇게 스토리텔링에 의지하는가. 스토리텔링은 정보와 함께 서사를 전달한다. 이야기는 사람들로 하여금 귀 기울이게 만드는 신묘한 힘을 갖고 있다. 하지만 재미있고 흥미로운 이야기를 누구나 다 만들어낼 수 있는 것은 아니다. 이야기에 나름대로 그럴싸해 보이는 신빙성과 공감적 요소가 담겨 있어야 하기 때문이다. 실제로 그럴싸한 이야기를 꾸며내기는 쉽지 않다. 그러면 '도둑질도 해본 놈이 한다'는 말처럼, 이야기꾼은 타고 나는 것이며 글쓰기는 소질이 있어야만 잘하는 것일까?

결론부터 말하자면, '도둑질도 해본 놈이 한다'는 말만 있는 게 아니다. '도둑질도 자꾸 하면 는다'는 말도 있다. 소질이 없는 사람이라고 해도 자신감을 갖도록 하자. 아무리 소질이 없는 사람이라도 할수록 느는 게 글쓰기요, 스토리텔링이다. 공부는 엄청나게 열심히, 그리고 오래하는데 성적이 잘 안 나오는 '안타까운 친구'들을 본 적이 있을 것이다. 그들이 머리가 나빠서, 혹은 공부에 소질이 없어서 그런 결과를 얻었을까? 더러 그런 경우도 있기는 하지만, 대부분의 경우는 요령이 없어서다. 글쓰기나 스토리텔링에도 요령이 있다.

열 번 찍어 안 넘어가는 나무 없다. 다만 어디를 열 번 찍느냐가 문제다. 여기 저기 한 번씩 찍어서는 백 번을 찍어도 안 넘어간다. 얼마나 효과적으로 도끼질을 하느냐가 문제다. 영화 〈극한직업〉에서 마 형사는 다음과 같이 외친다. "난 한 놈만 패." 이 대사처럼 주어진 상황에 맞는 가장 효과적인 방법이 무엇인지 알고 꾸준히 그 한 놈만 패면 실력이 늘지 않을 수 없다.

그러면 글쓰기나 스토리텔링에서는 어디를 '패'야 할까. 제일 중요한 건 이야기의 구조다. 이야기 구조만 치밀하게 만들어놓으면, 국회의사당 뚜껑을 열고 마징가 제트가 나온다는 황당한 이야기조차 그럴 듯하게 꾸며낼 수 있다. 그런데 이야기의 구조가 어떻게 만들어지는가를 배우는 길은 험난하기만 하다. 수많은 이론서들을 볼 때마다 고개는 끄덕여지는데, 막상 이야기의 구조를 짜보면 어떻게 해야 할지 감이 오지 않을 때가 많다. 당연한 일이다. 이론을 백날 외워봤자 실제는 다르니까. 무림비급을 천 번을 읽어봤자 절대 무림지존이 될 수 없고, 연애지침서를 만 번 읽어도 절대 카사노바는 될 수 없다. 무림비급에 나온 동작을 천 번을 반복하고, 지침서에 나오는 연애 상황을 수없이 겪어야 무림지존, 카사노바가 되는 법이다.

글쓰기나 스토리텔링에는 수많은 실습과 반복이 필요하다. 그런데 이 과정에서 이론과 실제 사이의 간극을 극복하지 못하고 포기하는 이들을 자주 본다. 왜 그럴까 들여다보면 이유는 하나다. 이론과 실제가 하나로 어우러지지 않고 따로 놀기 때문이다. 설계도를 보고 이론적으로는 구조를 이해할 수는 있어도, 막상 혼자 설계도를 만들기는 어려운 것과 마찬가지다. 여기저기 이론서는 넘쳐난다. 그리고 대부분 같은 설명을 하고 있다.

문제는 실천이다. 백문이 불여일견이란 말이 있듯 경험이 중요하다. 이론을 아무리 달달 외워도 그에 맞춰 글의 구조를 만들려면 어렵고 복잡하기 그지없다. 그런데 일단 이론을 보면, 그 내용이 머릿속을 떠나지 않기 때문에 무시할 수도 없다. 물론 이론도 중요하다. 그러나 아무런 기준도 없이 무작정 뛰어드는 일은 나무를 여기저기 백 번 찍는 것이나 마찬가지다. 본래 이론과 실제는 따로 분리된 것이 아니다. 만들어내는 이야기 속에 자연스럽게 이론이 스며들어야 하고, 어디서부터 '패'야 하는지 요령을 배워야 한다.

콘텐츠 만들기, 실전 스토리텔링에 도전하는 수많은 초보자들이 어디서부터 어떻게 이야기를 만들고 글로 풀어낼지 감도 못 잡는 경우가 많다. 대부분 무작정 백지를 채워나가려 한다. 하지만 그렇게 무작정 쓰기 시작한 이야기는 끝을 맺기 힘들다. 또 다른 사람들의 관심을 끌기 힘들다. 이야기의 구조가 단단하지 않기 때문이다. 무작정 백지를 갖다 놓고 소설을 쓰기 시작하면 종이만 버린다. 즉흥적인 형식에 의존한 채 어디로 향하는지 모르는 항해를 떠나봤자, 빈번하게 수정되는 항로 속에서 결국 종착지를 찾지 못하고 망망대해를 표류하게 될 뿐이다. 재미있는 이야기를 더 재미있게 살리고, 재미없는 이야기도 재미있게 만들려면 이야기의 구조를 제대로 잡는 것이 중요하다. 이런 말을 하면 구조론에 대한 이론서부터 찾는 학구파도 있다. 물론 공부가 나쁜 건 아니지만, 신기하게도 지나친 이론은 창작에 나쁜 영향을 끼치는 경향이 있다. 그래서 공부는 해도 해도 끝이 없다는 말이 있는지 모른다. 아무튼 구조에 대한 이론부터 확실하게 배우고 시작할 필요는 없다는 말이다.

초보자들은 이론과 실제를 연결시키지 못하고 마치 그것이 별개의 것인 양 생각한다. 실제로 이론에 관한 공부를 하다보면 이해나 암기조차 쉽지 않은 것들이 있다. 그것을 창작에 어떻게 적용해야 할지 몰라 난감했던 사람들, 스스로 소질 없음을 한탄하며 포기한 사람들, 의욕만 왕성해서 나무를 여기저기 백 번 찍고 있는 사람들에게 꽉 막힌 속을 뻥 뚫어주는 방법이 뭘까? 정답은 없다. 무림은 넓고도 넓으며 정파만큼이나 사파의 종류도 다양하다. 그만큼 고수가 되는 길도 여러 가지다.

재능이 많은 입담꾼들은 이론에 대한 공부 없이도 얼마든지 이야기를 재미있게 꾸며낸다. 하지만 그들이 이야기 구조에 대한 이론적 학습을 뱃속에서부터 가지고 태어난 건 아니다. 다만 이야기를 어떻게 만들어야 듣는 사람이 즐거워하는지 빨리 눈치 채고, 그에 대한 경험을 축적했기 때문이다. 경험이 많은 입담꾼일수록 즉흥적으로도 이야기를 잘 만들어내는데, 이런 실전 노하우가 몸에 배어 있기 때문이다.

그러니 그동안 포기했던 글쓰기에 대한 동경, 혹은 열정이나 각오를 다시 꺼내놓도록 하자. 눈치를 키우고 경험을 늘리다보면 언젠가는 될 것이라고 막연하게 용기를 주려는 게 아니다. 공부나 스포츠, 게임은 물론이고 연애까지도 공략법이란 게 존재한다. 슈팅 게임을 예로 들어보자. 아무리 열심히 해봐야 흔히 말하는 '어그로(주목)'만 끌다가 타깃이 돼 제일 먼저 아웃되어 죽도록 욕만 먹는 경우가 허다하다. 문제는 그런데도 실력이 늘지 않는다는 것이다. 그럴 땐 일단 고수가 알려주는 대로 움직이면 된다. 고수가 알려주는 공략법이 유일무이한 것은 아닐지라도 시키는 대로만 움직이면 어느새 실력이 늘고 있음을 느낄 것이다.

스토리텔링도 이론에 신경 쓰기보다는 직접적인 실전 경험을 통해 그 방법을 터득하는 것이 가장 좋은 방법이다. 초보자들에게는 이론을 아는 것보다 한 편의 이야기를 완성해보는 것이 더 중요하다. 마지막 단추를 꿰기도 전에 다른 옷으로 갈아입기를 반복해서는 실력이 늘지 않는다. 즉 수많은 초보자들이 알아야 할 것이 바로 이 점이다. 초보자들에게 내용의 질적 수준은 일단 필요 없다. 사치다. '첫술에 배부르랴'라는 속담이 있듯, 초보자가 걸작을 만들어낼 수는 없다. 많은 경험을 통해 진정으로 스토리텔링의 기술이 몸에 밴 뒤에야 비로소 질적으로 수준 높은 이야기를 만들어낼 수 있다.

스토리텔링의 핵심은 '거짓말을 하는 것'이다. 그런데 자기 얼굴이 굳어 있으면 누군가에게 자연스러운 '거짓말'을 할 수가 없다. 이야기는 다양한 방식으로 타인에게 전달된다. 그 이야기의 얼개가 자연스럽지 못하면 금세 '구라', '뻥', '사기'가 되고 만다. 진정한 입담꾼은 바로 그 전달 방법을 자유자재로 활용하는 사람이다. 이야기를 손쉽게 만들어내는 방법을 알려주려는 것이 이 책의 목적이다. 하지만 처음부터 너무 욕심을 부리면 그만큼 만들어지는 이야기는 눈높이에 미치지 못하거나 아예 시작도 하기 힘들어진다. '이야기를 만들어내는 사람은 따로 있구나' 하는 생각을 버리자. 처음부터 걸작을 만들어낼 수 있는 사람은 없다. 누구나 반복적인 훈련을 통해 제대로 내공을 쌓아야 고수가 된다. 그래야 비로소 훌륭한 이야기를 만들어낼 수 있다.

이 책은 다음과 같이 구성되어 있다. 1장은 스토리텔링에 대한 개괄적인 내용을 이해하는 것에서 출발한다. 외울 필요가 없는 부분이다. '아, 그래? 그렇구나' 이해하고 넘어가면 된다. 2~3장에서는 뼈대를 구성하고 플롯을 추출하는 실제적인 스토리텔링의 테크닉에 대한 내용을 다룬다. 이 부분에서 본격적으로 도끼질을 어떻게 해야 하는지 배운다. 반드시 따라해보는 게 중요하다. 그리고 4장에서는 플롯 추출의 결과물을 이용해 장르별로 다른 다양한 스토리텔링을 하는 방법에 대해 설명한다. 변검變臉처럼 하나의 목에 여러 가지 얼굴을 입혔다 벗겼다 하는 것으로 생각하면 된다. 5~6장에서는 오늘날 '콘텐츠'라는 말이 가장 많이 사용되고 있는 영상 분야와 디지털 스토리텔링에 대한 내용이 추가되어 있다. 이 부분 역시 외울 필요는 없고 그냥 교양으로 알아두면 된다.

이 책에 소개된 내용들은 어느 정도 글쓰기에 내공이 있는 사람들에게 불필요한 것일 수도 있다. 하지만 중수에게는 새로운 공략법을 보여줄 것이고, 창작의 열망은 있지만 어디서부터 시작해야 할지 모르는 초심자들에게는 스토리텔링에 쉽게 입문할 수 있게끔 해줄 것이다. 복잡 다양한 이론을 학습하는 것이 아닌 실전용 스킬을 제공함으로써, 구상 단계에서 헤매다가 포기하지 않게끔, 도와주는 실용적인 안내서가 될 것이라 믿는다.

운동에서도 워밍업이 중요하듯 스토리텔링의 첫 발을 디디기 위해서도 일단 긴장을 푸는 것이 좋다. 어렵지 않다. '그래? 한번 해볼까? 뭐 별 거 있겠어?' 하는 마음가짐으로 시작하자. 편한 마음가짐으로 이 책의 안내를 따라 일단 출발하면 된다. 무작정 시키는 대로 따라 하면 된다. 너무 수동적으로 느껴져 불편한 사람들도 있지 모르겠다. 하지만 이 책이 지시하는 길을 따라가다 보면 마지막에는 어느새 한 편의 이야기가 완성되어 있을 것이라고 확신한다.

이 책이 필요한 사람은 고수가 아니라 초보자다. 초보자가 반드시 지켜야 할 기본적인 것들을 다루고 있기 때문에, 게임에서 튜토리얼을 통해 플레이 방식을 익히듯이 '닥치고 따라' 하다 보면, 어느새 스토리텔링의 기술을 습득하게 될 것이다.

2019년 삼성산 자락에서

김 정 석

CONTENTS

1장

스토리텔링의
이해

보통 스토리텔링을 그저 글쓰기, 즉 서사가 존재하는 것에 적용되는 개념이라고 생각하는데, 생각보다 광범위한 영역에 걸쳐 적용된다.

조금 과장되게 이야기하자면 인간은 스토리텔링 없이 살아갈 수 없다. 우리의 삶 자체가 하나의 이야기이기 때문이다. 여기저기에서 스토리텔링이란 단어가 많이 쓰이는데, 도대체 그게 뭘 뜻하는지 그리고 스토리텔링을 잘하려면 뭐가 필요한지 일단 냄새부터 좀 맡아보고, 어디 가서 아는 척, 잘난 척도 좀 해보자.

스토리텔링이
뭐지?

스토리텔링의 방식에 대해 배우기 전에 먼저 용어에 대한 정의부터 짧게 짚고 넘어가기로 한다. 스토리텔링storytelling이란 말의 직접적인 뜻은 '이야기하기'다. '이야기story'와 '말하기telling'가 결합해 만들어진 이 단어가 가진 뜻은 아주 간단하지만, 정작 스토리텔링이 무엇인지 간결하게 설명하기는 쉽지 않다. 우리말로 옮길 용어도 마땅치 않으며, 함축적인 의미를 단 한 마디로 규정하기에도 너무 많은 의미가 녹아들어 있다. 또한 '스토리텔링'이라는 단어가 함축하고 있는 의미가 수없이 많은 여러 분야에 걸쳐 두루두루 사용되고 있기 때문에, 짧막한 단어로의 규정은 여간 어려운 일이 아니다. 그에 대한 설명은 여러 이론서에서 잘 풀어서 설명하고 있다. 그러나 스토리텔링이라는 단어를 이해하기 위해서 그 모든 이론들을 외울 필요는 없다. 분명 그것이 뭔지 의미를 알고는 있지만 설명을 제대로 못하는, 즉 이론적 개념 정의에 취약한 사람들에게 개념적 설명부터 펼쳐놓는 것은 괜한 부담이 될 수도 있다. 그러니 절대 외우려고 하지 말고, 그 안에 들어 있는 의미들을 그냥 구경하듯 마음 편히 둘러보자.

일단 '스토리'라는 말을 보자. 스토리에는 서사의 구조가 존재한다. 서사란 시간의 순서에 따라 사건의 진행을 기술하는 것인데, 쉽게 말해 이야기의 구조에 출발점과 종착점이 있다는 것이다. 어떻게 시작했는지도 모르겠고 끝도 제대로 맺어지지 않은 이야기는 시간 낭비나 마찬가지다. 어느 날 TV를 틀었는데 처음 보는 드라마가 방송되고 있다. 시작 부분에 대한 명확한 이해가 없는 상태에서는 내용의 흐름을 이해하기 어려워서 시청자가 몰입하는 데 오랜 시간이 걸린다. 그럼에도 불구하고 어찌어찌 그 드라마를 계속 보게 되었다고 하자. 그런데 갑자기 무슨 이유에서인지 드라마가 제대로 이야기를 마무리 짓지도 않고 조기 종영했다고 생각해보자. 과연 이 드라마가 하나의 이야기로써의 힘을 가졌다고 할 수 있을까? 잘 만들어진 이야기는 분명한 시작과 끝이 존재한다. 아니 존재해야만 한다. 영화나 드라마나 하나의 이야기를 감상하는 사람은 그 이야기의 끝을 보기 위해 시간을 들이고 집중력을 유지하기 때문이다.

그럼 나머지 '텔링'은 무슨 뜻일까? '이야기'는 그것을 받아들이는 사람이 흥미를 느껴 몰입하게 만들 장치가 필요하다. 다시 말해 텔링은 이야기를 꾸며주는 장치에 해당한다. 그 장치는 이야기 자체의 텍스트적 요소일 수도 있고, 이야기를 전달하는 매체가 될 수도 있다. 이때 이야기가 갖는 텍스트적 요소는 소재와 주제를 드러내기 위해서 인물, 사건, 배경을 어떻게 조화롭게 배치하느냐와 관련되어 있다. 그리고 이야기를 전달하는 매체는 만들어진 이야기가 활자화된 책을 통해 전달되느냐, 혹은 TV나 영화처럼 일방적 소통 방향을 가진 영상에 의해 전달되느냐, 게임처럼 쌍방향의 소통 방식을 가진 구조에 의해 전달되느냐에 따라 세분화된다.

이야기는 기본적으로 재미있어야 한다. 주제가 무엇이든 간에 흥미를 유발하지 못한다면 전달 방식이 무엇이냐와 상관없이 제대로 빛을 보지 못할 확률이 높다. 물론 말하는 방식과 상관없이 이야기 자체가 재미있는 경우도 있지만, 재미있는 이야기도 어떻게 구성하여 들려주느냐에 따라 재미가 반감하는 경우도 있다. 그렇기 때문에 스토리텔링은 재미있는 이야기를 하는 것이 아니라 '재미있게 이야기하는 것'에 가깝다고 보면 된다. 재미있게 이야기할 때 그 이야기가 어떤 방식을 통해 이루어지느냐에 따라 그것이 수다가 될 수도 있고, 책이나 드라마, 연극, 영화, 게임이 될 수도 있다.

다시 말해, 스토리텔링은 일반적인 의미로 '이야기를 하는 것'이라고 보면 된다. 여기서의 이야기는 전적으로 사실에 입각한 것을 말하는 게 아니다. 사실을 기반으로 하지 않는 이야기는 물론이고 사실을 기반으로 한 이야기까지도 거기에는 분명 인위적으로 만들어진 것들이 상당수 포함되어 있다. 그래서 스토리텔링에서 가장 중요한 부분은 '인위적으로 만들어낸 이야기'다. 따라서 스토리텔링을 잘하기 위해서는 보다 그럴싸하게 '거짓말'을 하는 것이 중요하다. 이때 '거짓말'을 거짓말이 아닌 것처럼 보이게 하는 것은 개연성Probability과 관련되어 있다. 이야기가 흔히 말하는 '막장'이 되지 않으려면, 충분히 그럴싸한 내용을 담고 있어야 한다. 누가 봐도 말이 안 되는 이야기를 하면 몰입도가 떨어지고, 그만큼 많은 사람들에게 좋은 평가를 받기 힘들어진다. 물론 만들어진 이야기, 허구라는 건 모두가 다 알고 있다. 하지만 그 허구가 단순한 거짓말이 아니라, 그럴 수도 있겠다는 생각이 들게끔 만들면 충분한 수요를 이끌어내게 된다. 이 부분에서 작용하는 게 '개연성의 원리'다.

있을 법한 일을 다룸으로써 다른 사람들을 당신이 만들어낸 이야기의 세계에 발을 딛게 만들어야 한다. 개연성이 부족한 이야기는 허술하다. 누가 봐도 말이 안 되는 거짓말을 하면 속는 사람이 없는 것처럼, 거짓말을 하되 말이 되고 충분히 설득력을 갖도록 해야 타인을 끌어들일 수 있다. 그럴 듯해야 속아 넘어가는 것이다. 개연성이야말로 재차 강조할 필요가 없을 만큼 상식적이면서도 중요한 부분이다. 개연성이 없는 이야기는 그것을 받아들이는 사람들로 하여금 처음부터 경계심을 갖게 하거나 거리감을 두게 만들기 때문에, 최대한 개연성을 살려야 한다. 그리고 이야기 속에서 벌어지는 일들에는 충분한 인과관계가 존재해야 한다. 아무런 이유 없이, 우연적으로 벌어지는 일들은 이야기의 짜임새를 약하게 만들고 몰입을 방해한다. 이야기가 탄탄한 구조를 가지고 진행되도록 하려면 각각의 진행 단계들이 충분한 논리적 설득력, 즉 '필연성necessity'이 있어야 한다. 하나의 단계에서 다음 단계로의 진행이 필연적으로 그렇게 될 수밖에 없게끔 만들어야 타인을 속이기 쉽기 때문이다. 타고난 이야기꾼들은 '그냥 어쩌다 보니 그렇게 돼서……' 하는 식의 진행이 아니라, '그게 왜 그랬냐면…… 그래서' 식으로 이야기를 진행한다. 남을 믿게끔 하려면 자기 이야기를 끌어갈 충분한 논리가 준비되어 있어야 한다.

재미있는 이야기는 개연성과 필연성 외에도 '보편성Universality'이 필요하다. 보편성은 상식적인 부분과 맞닿아 있는데, 개연성을 갖지 못한 대부분의 이야기에는 보편성이 결핍되어 있다. 누구에게나 두루 걸쳐 적용할 수 없는 이야기는 공감대를 형성할 수가 없고, 공감대를 형성하지 못한 이야기는 그럴 듯하게 보이기 힘들다. 상식적으로 이해할 수 없는 이야기에 공감하는 사람은 상식을 벗어나 있거나 초월한 소수에 불과하기 때문이다.

그런 소수를 위한 스토리텔링도 분명히 존재한다. 마이너 계열이나 언더그라운드, 혹은 흔히 말하는 B급 문화에 열광하는 사람들도 분명 일정한 수가 있기 때문이다. 하지만 보편적이지 못한 작품이라고 해서 개연성이나 필연성까지 필요 없다는 뜻은 아니다. 그들의 문화에서도 그럴 듯한 것과 영 아닌 것들이 분류된다. 걸작으로 인정받는 이야기들은 다른 주류 문화의 그것들 못지않은, 탄탄한 기본기를 갖추고 있다. '덕질'에도 확고한 기준이 존재하며, 그 문화 안에서의 보편이 존재한다는 말이다. 어설프게 '덕질' 하다가는 '덕질 코스프레'에 그치고 말 것이다.

스토리텔링에는 기본적으로 지켜야 할 것들이 있다. 그런 기본적인 사항이 지켜지지 않을 때 소위 '막장'이라는 타이틀이 붙는 것이다. 물론 '막장'이라고 불리는 이야기가 높은 시청률을 기록하는 경우도 있다. 그런 경우, 사실은 시청자들이 그 이야기에 공감해서 높은 시청률을 기록하는 게 아니다. 다른 여타의 상황적 조건이 시청률을 높이고 있을 뿐이다. 빤한 이야기임에도 불구하고 방송 시간대에 마땅한 경쟁 작품이 없을 경우, 스트레스가 쌓인 사람들에게 어이없는 설정과 인물을 던져주어 마음껏 씹을 수 있게 해줄 경우, 전혀 개연성이 없는 황당한 이야기 자체를 구경거리로 제공하는 경우, 엉망인 이야기를 배우들의 빛나는 연기력으로 가까스로 버텨내고 있는 경우, 일단 보기 시작한 드라마를 끝까지 보는 경우 등의 다른 여러 가지 이유가 있는 것이다. 그래서 단순히 많은 사람들이 보았다고 해서 그 이야기가 잘 만들어졌다고 일반화할 수는 없다.

요약하자면, 좋은 스토리텔링은 공감대를 형성할 수 있도록, 그럴싸한 이야기를 만드는 과정에서 나온다. 그렇다고 완성도를 높이는 데 너무 신경을 쓰느라 머리만 쥐어뜯다가 시작도 못하고 포기하지는 말자. 처음에는 누구나 초보다. 어떻게 시작해야 하는가. 일단 메모지를 꺼내고 생각을 정리해보자. 간단한 줄거리를 비롯해 등장인물에 대한 요약, 그리고 중심을 이루고 있는 사건이나 모티브를 정리해 한 눈에 알아볼 수 있게 만드는 것이 중요하다. 그리고 정리된 자료들을 재료 삼아 본격적으로 새로운 작품을 만들기 시작하면 된다.

뭐든지 시작은
기획부터

기획은 '일을 꾀하여 계획'하는 걸 말한다. 하지만 그 구체적인 내용이 무엇인지 생각해보면 막막해진다. 그래서 초보자들은 기획과 스토리텔링을 헷갈려 하는 경우가 많다. 예를 들어보자. 한 남자가 여자 친구와의 기념일을 위해 뭘 준비할까를 고민하다가 종이학천 마리를 접기로 했다고 하자. 무엇을 할까를 고민하고 종이학을 선택하는 과정이 기획이다. 종이학을 접기에 앞서 재료를 선택하고 비용과 포장, 건네주는 방법, 그리고 상대의 반응까지 예측하는 것이 모두 기획에 해당된다. 하지만 본격적으로 각각의 세부적인 내용을 만드는 건 기획에 해당되지 않는다. 기획을 포함하여 모든 세부적 내용을 만드는 것이 바로 스토리텔링이다. 즉, 목표를 세우고 작전을 짜는 것이 기획이라면, 그 작전을 실천에 옮기기까지의 완벽한 세부 설계도를 짜는 것이 스토리텔링이다. 그렇다면 좋은 기획을 하려면 어떻게 해야 할까? 앞서의 예를 다시 살펴보자. 기념일 선물로 종이학을 접겠다는 생각은 좋은 기획이 될 수 없다. 물론 시간과 정성을 투자해 종이학을 접는다는 사실은 정서적인 면에서 보았을 때는 감동적일 수도 있다. 하지만 대상에 대한 충분한 판단이 서지 않은 상태에서 일방적으로 자기만의 생각에 빠져 밀어붙인 기획은 실패하기 마련이다. 생각해보자. 종이학 천 마리를 접을 시간이라면, 다른 걸 준비해도 시간은 차고도 넘친다.

좋은 기획을 하기 위해서는 상대가 원하는 바를 충분히 연구해야 한다. 여성들이 보편적으로 원하는 건 무엇인지, 여자친구는 어떤 취향을 갖고 있는지를 고려해야 좋은 기획을 할 수 있다는 말이다. 정보가 부족할 때는 상대에게 미리 질문을 던져 알아내는 것도 좋은 방법이다. 뭔가 이벤트를 하려고 하는데 상대가 미리 알면 김 빠지지 않겠느냐 걱정할 필요는 없다. 이벤트라는 것도 완전한 비밀보다는 약간의 정보를 흘리는 게 더 기대감을 높이기 때문이다. 천 마리의 학을 접느니 종이학은 한 마리만 접고 학의 목에 반지를 걸어 작고 예쁜 보석함이나 유리 케이스에 담아 건네면 어떨까? 보다 적은 시간 투자로 큰 효과를 얻을 수 있을 것이다. 그래야 상대방을 고려한 훌륭한 기획이 된다. 편하게 생각하자. 스토리텔링과 기획이 어떤 차이가 있는지 잘 구분이 안 되는 것도 당연하다. 왜냐하면 스토리텔링 작업에 기획의 내용이 녹아 있기 때문이다. 그냥 어렵게 생각할수록 더 어려워진다는 것만 알아두자.

기획은 아이디어에서 출발한다. 그 아이디어를 자기 자신의 생각으로 깎고 다듬어 완성시키는 것이 바로 기획이다. 그때 아이디어 자체는 자기 것이 아닐 수도 있다. 기획은 자기가 갖고 있는 지식뿐 아니라 다른 것을 통해서 얻은 정보를 두루 포함시킨 범위에서 이루어진다. 물론 스스로가 다양하고 깊이 있는 지식을 갖고 있다면 좋겠지만, 반드시 그래야만 좋은 기획을 할 수 있는 것도 아니다. 다른 곳에서 접한 정보를 얼마나 잘 다듬고 이용할 수 있느냐도 기획에서 매우 중요한 포인트다. 결과적으로 본인이 갖고 있는 지식과 정보를 응용하거나 활용하는 능력이 기획 능력과 직결된다. 그렇기 때문에 아무리 생각해도 뭔가 그럴싸한 게 떠오르지 않는다면, 자기 외부에 있는 것들을 관찰하는 일에서부터 출발해야 한다. 아이디어는 먼 곳에 있지 않다. 쉽게 흘려버릴 수 있는 일상 속에 널려 있는 게 아이디어다. 결코 자기 안에서만 찾을 게 아니라 주변의 모든 것들을 잘 관찰하고 종합분석함으로써 좋은 아이디어를 발견할 수 있음을 기억하자.

기획은 '무엇을 소재로 삼아야 할 것인가' 고민하는 것에서부터 출발한다. 예전부터 다루고 싶었던 소재가 따로 있다면 보다 쉽게 시작할 수 있겠지만, 마땅한 소재가 없다면 문제는 조금 복잡해진다. 이미 남들이 다루었던 걸 다루기는 싫고, 그렇다고 완전히 새로운 걸 찾자니 웬만한 건 이미 다른 사람들이 다 한번쯤 건드려본 것들이기 때문이다. 획기적이고 신선하면서 재미까지 가미한 이야기를 만들어낸다는 것은 보통 어려운 일이 아니다. 더구나 초보자로서 기존에 다루어지지 않은 소재를 찾아 재미있는 이야기를 구상한다는 건 코끼리가 경공술을 익히는 것만큼이나 어려운 일이다. 그래도 이야기를 만들고자 하는 꿈이 있는 한 포기할 수는 없다. 그럴때 선택할 수 있는 가장 단순한 방법은 이미 우리가 익히 알고 있는 기존의 이야기를 활용하는 것이다.

그냥 똑같은 이야기를 재탕하자는 게 아니다. 이미 잘 알고 있는 것들이라 해서 무조건 다 활용할 수 있는 것도 아니고, 다른 사람이 다루었던 내용을 같은 방식으로 재현하는 것은 단순한 모방에 불과한 것이다. 경우에 따라서는 표절이 되기도 한다. 특히나 표절 문제는 특별히 설명을 하지 않아도 그것이 얼마나 어리석은 일인지 모두 잘 알고 있을 것이다. 그렇기 때문에 특정한 작품이 특정한 방식으로 다루고 있는 소재를 그대로 베끼거나 빌려와서는 안 된다. 설령 된다고 해도 이미 똑같은 이야기를 우려먹는 것이기에 더 이상 흥미를 유발하지 못한다. 여기서 말하는 '익히 알고 있는 기존의 이야기'를 활용한다는 것은 단순히 소재만 차용한다는 뜻이다. 어떤 이야기의 모티프나 소재만을 빌려오는 것은 어렵지 않다. 단순히 동일한 소재만을 다뤘을 뿐, 그걸 펼쳐가는 방법이 다르면 표절이 아니다. 게다가 같은 소재를 어떻게 다루느냐에 따라 참고했던 원작보다 훨씬 재미있는 이야기가 만들어질 수도 있다.

그러면 우리가 익히 알고 있는 이야기는 무엇이 있을까. 가장 널리 이용되는 것들 중 하나는 설화다. 문화강국으로 가는 길은 세계 최고의 초고층의 빌딩을 소유하거나 첨단 산업단지를 키우는 게 아니라, 이미 우리가 가지고 있는 것들을 체계적으로 재구성하는 것으로부터 시작된다. 디지털 기술이 문명발전의 화두를 잠식하고 있는 가운데 그에 못지않게 중요하게 다루어져야 할 것이 바로 문화자본의 축적이다. 물론 기술의 발전과 더불어 문화 현상도 변화하기 마련이지만 기본적으로 한 나라가 다른 나라들과 구별될 수 있는 것은 그 나라의 색채를 표현해줄 수 있는 고유한 전통문화가 있느냐 없느냐에 달려 있다. 기술적, 혹은 물질적으로 풍요로운 삶을 개척한다고 해도 그 풍요로움이 자신을 표현해줄 수 있는 고유한 색채와 하나가 되지 못한다면 지속성을 담보할 수 없다. 경제적 자본을 어느 정도 축적했다고 해서 그 나라를 바로 선진국이라고 일컫지는 않는다는 사실을 보면, 그만큼 선진국이라는 개념 속에는 경제적 측면뿐 아니라 문화적 측면의 의미도 강하게 작용하고 있음을 알 수 있다.

　결국 우리만의 색채를 지닌 풍부한 설화가 보다 경쟁력 있는 소재가 된다는 말이다. 도시, 마을, 길 하나하나가 이야기를 확보하고 있을 때 그 나라는 더 큰 경쟁력을 가질 수 있다. 이미 수많은 지방자치단체에서 소재지를 기준으로 문화재나 지역적 특성을 살린 스토리텔링 개발을 시도하는 것도 바로 이런 이유 때문이다. 특정 지역의 무형적 가치 상승을 이끄는 게 상상력이라는 걸 과거의 사례를 통해 알기 때문이다.

인류의 문명적 흐름을 뒤바꾼 과학적 발견의 뒤에는 예술가들의 상상력이 숨어 있었다. 그들의 작은 상상력 하나하나가 새로운 기술을 만들어내는 원동력이 된다. 따라서 테크놀로지 시대를 선도하는 것은 결국 기술적 발전이 아니라, 풍부한 상상력이다. 그 상상력의 힘이 고스란히 잠재되어 있는 것이 바로 역사와 문화다. 이를 바탕으로 테크놀로지는 이야기의 힘을 담고 전달하는 그릇 역할을 한다. 각 지역이 자신을 대변하는 상징적 문화를 지니고 있지 못하면, 아무리 우수한 기술을 가지고 있어도 다른 지역과 구별되는 힘을 발휘할 수 없다. 물론 발달된 기술 자체가 하나의 문화가 될 수도 있지만, 그 기술력을 가지고 남의 문화를 흉내 내고 표현하는 데 그친다면, 그것은 이미 문화로서의 힘을 잃게 된다. 주변에서 흔히 접할 수 있는 전통적 소재들과 상상력이 접목되어 미래와 이어질 때 새로운 이야기가 탄생한다는 것을 알고 있다면, 무엇을 이야기 소재로 삼아야 할지 크게 신경 쓰지 않아도 된다.

그런데 설화 같은 소재에 별로 흥미가 없는 사람들은 어떻게 하느냐. 그럴 땐 우선 자신이 보았거나 겪은 것들을 소재로 사용하는 데서 출발하는 게 좋다. 돌아보면, 이야깃거리는 주변에 얼마든지 널려 있다. 버스나 지하철을 이용하면서 봤던 장면들을 소재로 끌어올 수도 있고, 그 외의 어느 장소에서든 자기가 보고 들었던 재미

있는 경험을 떠올려 활용해도 된다. 최악은 어떤 소재를 택해야 할지 고민만 거듭하다가 아무 것도 하지 않는 것이다. 우리 일상생활 속에 널려 있는 것들이 다 소재가 될 수 있다. 그래서 이야기로 다룰 것들은 무궁무진하다. 아니라고 해도 일단 그렇다고 믿어보자. 다만 너무 소재에 집착하다 보면, 흔히 말하는 소재주의에 빠질 우려가 있으니 조심해야 한다. 특별한 소재를 대상으로 삼는 것은 좋지만 소재 자체에 너무 집착하면, 소재를 부각시키느라 정작 내용이 허술해지는 게 소재주의의 맹점이다.

예를 들어, 공상과학물을 한 편 만든다고 생각해보자. 공상과학으로 소재를 택했기 때문에 가급적이면 과학 분야에 대한 많은 정보와 자료를 수집해야 한다는 건 상식이다. 그런데 과학적 지식을 끌어와서 이야기를 흥미롭게 만들기보다 미래의 새로운 과학이나 신기한 기술들을 묘사하는 데 치중하면, 미지의 세계라는 흥미로운 소재에 집중한 나머지 이야기 자체가 소재를 위한 제물이 되기 십상이다. 화려한 컴퓨터 그래픽, 혹은 액션으로 무장해 이목을 끄는 데는 성공했지만 평가가 극단적으로 엇갈리는 영화를 종종 보게 된다. 시각적 즐거움 위주로 영화를 감상하는 사람들은 입이 마르도록 칭찬하는 데 반해, 이야기 위주로 영화를 감상하는 사람들은 전혀 재미를 느끼지 못하기 때문이다. 대부분의 평론가는 이런 영화에 낮은 평점을 준다. 그래서 '평론가들의 평가 기준이 너무 대중적이지 못한 게 아니냐! 도대체 그 평가 기준이 뭐냐!' 하는 볼멘소리를 하는 사람도 있다. 하지만 시각적인 즐거움이 한 편의 이야기로서 높은 완성도를 가져다준다고 말할 수는 없다. 많은 관객을 동원해 상업적으로 성공을 거두었다 해도 마찬가지다. 시각적인 효과는 이야기를 전달하는 수단이다. 시각적 효과 그 자체가 이야기는 아니라는 말이다.

좋은 스토리텔링에 대한 평가와 기술적인 표현력에 대한 평가는 별개의 문제다. 그래서 각종 시상식을 보면 연출상과 각본상이 따로 존재하는 것이다. 내용은 허술한데도 불구하고 흥행에 성공한 작품들이 분명 존재하고, 그 성공을 발판으로 멀티콘텐츠화하여 또 다른 수익을 얻어내는 작품도 종종 있다. 하지만 그런 작품은 대부분 기술적으로 더 발전된 작품이 등장하면 금세 생명력을 잃고 만다. 반면 이야기 자체가 잘 만들어진 작품들은 기술적 표현력과 상관없이 오랜 생명력을 가지고 끈질기게 살아남는다.

소재를 모색하는 것은 좋지만 너무 소재 자체에 매달리면 정작 중요한 이야기의 구성을 등한시하는 결과를 낳는다. 이야기를 만들어내는 것은 스토리텔러의 몫이고, 이야기를 담는 그릇에 신경을 쓰는 것은 엔지니어의 몫이다. 아무리 컴퓨터 그래픽이 발달해도 결국 스토리텔러는 이야기 자체에 충실해야 한다.

또 다른 예를 들어보자. 자신이 겪었던 경험을 활용할 때 초보자, 특히 남자들이 많이 다루는 소재가 있다. 군대 이야기다. 축구까지는 필요 없을 것이다. 거의 모든 남자들에게 군대의 경험이 그들의 인생에 커다란 흔적을 남겼다는 것은 누구나 알고 있는 사실이다. 그래서 술자리에서 빠질 수 없는 게 군대 이야기이기도 하다. 남자들에게 군대는 젊은 시절의 고달프고, 외롭고, 뼈저린 경험이기 때문에 개인적으로 지울 수 없는 경험이 되는 것은 당연하다. 그래서 그 경험을 바탕으로 이야기를 만들고 싶은 마음도 충분히 이해할 수 있다. 하지만 아무리 다른 시기에 군대를 갔다 오고, 병과와 주특기가 다르다고 해도 군 생활의 특성상 그들이 느낄 수 있는 경험적 요소는 크게 다르지 않다. 그럼에도 불구하고 마치 자기가 겪은 일만 특별하고 대단한 것처럼 과장하는 경우가 있다. 그러다 보면 결국 이야기는 너나 할 것 없이 자기가 제일 고생했다고 주장하는, 뻔하고 지루한 것이 되고 만다. 군대를 소재로 차용하는 것은 좋지만, 그것이 이야기의 전부가 되어서는 안 된다. 그래도 정말 미치도록 군대 이야기가 쓰고 싶다면 정말이지 그 누구도 이야기하지 않았던 방식으로 소재를 풀어내야 한다.

　그 어떤 것도 이야기의 소재가 될 수는 있지만 소재에 너무 집착해서는 안된다는 말은 아무리 강조해도 지나치지 않는다. 이 말이 잘 이해가 안 되거나, 혹은 이율배반적으로 느껴지는 사람이 있을지도 모른다. 그래서 좀 더 쉽게 말하면, 소재는 하나의 출발점일 뿐이다. 기억하자. 출발점 하나만 가지고 이야기를 만들어가는 데는 한계가 있다. 일단 어떤 하나의 소재를 선택했다면 처음부터 끝까지 그 출발점에만 머물러 있지 말고, 부지런히 다른 목표지점을 향해서 어떻게든 이야기를 끌고 나아가야 한다.

소재 선택이 끝났는가? 그렇다면 이제 그것을 상징화시킬 주제를 생각해야 한다. 이야기는 있는데 주제가 없으면 보다 깊은 감동을 전달할 수 없다. 창작을 꿈꾸는 사람들이 자주 듣는 평가 중 하나가 바로 주제가 빈약하다는 지적이다. 이야기를 끌어가는 데만 치중하다 보니 서사는 존재하는데 전달하고자 하는 메시지가 없는 경우가 빈번히 발생한다. '재미만 있으면 됐지. 딱히 주제가 있어야 하나?' 하고 물으면 할 말은 없다. 조언에도 불구하고 자기 고집과 습관을 버리지 않는 사람은 그냥 그 자리에 머물러 있을 뿐이다. 창작하는 사람으로서 다른 사람들에게 들려주고 싶은 메시지가 없다면 그냥 혼자 쓰고 혼자 만족하면 된다. 물론 별다른 주제 없이도 재미있는 이야기는 존재한다. 하지만 그런 이야기는 대부분 킬링 타임용이거나 가십거리에 불과해서, 생명력이 짧을 수밖에 없다. 명확한 주제가 있는 작품만이 세대를 뛰어넘어 계속해서 읽히고 읽혀 걸작으로 남는 것이다.

그렇다면 도대체 어떤 주제를 어떻게 설정해야 잘했다는 소리를 들을 수 있을까? '주제'라는 것에 대해서는 초등학교 때부터 배워왔지만, 막상 자기가 만들고자 하는 이야기의 주제를 정리하려고 보면 뭐라고 해야 할지 몰라 막막해지는 경우가 허다하다. 그럴 땐 일단 자기 자신부터 돌아보는 일이 필요하다. 나는 누구이며, 나는 어떤 정체성을 가지고 있는가? 나를 구성하고 있는 문화적 기반은 무엇인가? 돌아볼 필요가 있다.

　무언가를 창조하는 일은 지금까지 전혀 존재하지 않았던, 완전히 새로운 것을 만들어내는 게 아니라 이미 가지고 있던 것들의 의미를 재해석하고 응용함으로써 탄생한다. 그렇기 때문에 자신만의 전통과 역사를 아는 일이 중요하다. 자신을 알아가는 과정에서 비로소 자신만의 경쟁력을 확보할 수 있게 된다. 이야기를 만드는 과정도 마찬가지다. 다른 사람과는 다른 나만의 글을 쓰기 위해서는 나만의 것을 가지고 승부를 해야 한다. 내가 가지고 있는 것을 제대로 알고 그것을 바탕으로 꾸준히 나만의 향기와 빛깔을 길러내야 한다는 말이다. 그게 바로 나만의 경쟁력이며, 다른 사람들이 내가 만든 이야기를 읽게 만드는 원동력이 된다.

　그러니 남들이 전혀 다루지 않는 새로운 걸 다루어야 한다는 압박감에 시달릴 필요는 없다. 새롭게 미래를 선도한다는 것은 그간의 실수를 되풀이 하지 않으려는 배움 속에서 시작되며, 그 배움이 법고창신法古創新의 개념과 노력 속에서 재탄생할 때 새로운 창조로 이어진다. '원소스 멀티유즈'의 개념도 알고 보면 결국 재창조의 연장선상에 놓여 있는 것이며, 디지털 시대의 창조라는 것 역시 우리가 가진 문화적 자산들의 재해석과 응용을 축으로 이루어지는 것이다. 너 나 할 것 없이 해외 진출을 꿈꾸는 시대지만, 글로벌 시대를 살고 있다고 해도 세계적으로 통용될 수 있는 주제를 찾기 위해 골머리를 앓을 필요는 없다. 모든 민족과 문화를 한꺼번에 아우를 수 있는 거대한 스케일의 주제를 구상하는 게 가능한가? 무림에서 이미 하나의 문파를 이루고 있는 초절정 고수 스토리텔러에게는 가능할지 모르지만, 이제 무림에 입성하는 초보 스토리텔러에게는 절대 무리다. 처음부터 완전히 새롭고 글로벌한 주제를 모색하려 고민하지 말자. 다만 우리 삶을 다룬 주제라면 어떤 문화권에서도 통용될 수 있다는 것을 기억하자.

구체적으로, 그럼 어떤 주제를 어떻게 찾아야 할까? 인간의 삶은 역사 안에 있고 앞으로도 그럴 것이 분명하다. 때문에 우리는 지나온 과거를 복습하는 과정에서 쉽게 주제를 찾아낼 수 있다. 선조들의 삶 속에 드러난 모든 것들은 현재의 삶 속에도 그대로 내재되어 있으며, 미래의 삶에도 계속해서 재현될 것이다. 그러한 과거의 것들을 현재에 맞게끔 변형시키기만 하면 자연스럽게 그 안에 새로움도 담을 수 있다. 그래서 초보자들은 되도록이면 익숙한 주제, 인간 관계와 삶의 문제에서부터 출발하는 것이 좋다. 인간의 삶에 관계된 것들은 모두 이야기의 주제가 될 수 있는데, 굳이 분류해보면 '존재의 문제'와 '인식의 문제'로 나눌 수가 있다. 하지만 삶에 있어서 존재의 문제와 인식의 문제가 언제나 확연이 구분되고 따로 취급되는 건 아니다. 어느 쪽에 더 무게를 두느냐에 따라 추가 기우는 것일 뿐이다.

'사랑'을 예로 들어 보자. 이야기를 처음 만드는 초보자, 그중에서도 젊은 스토리텔러들이 가장 많이 다루는 주제가 사랑이다. 사랑은 인류 역사상 가장 오래, 그리고 빈번히 다루어진 주제다. 그리고 아직까지도 변함없이 사랑받고 있는 주제이기도 하다. 인간이면 누구나 한 번쯤 사랑 때문에 고민하고 아파하고 행복하기 마련이다. 사랑을 이야기할 때, 육체의 문제에 중점을 두느냐, 정신의 문제에 중점을 두느냐에 따라 이야기의 주제와 관점이 달라진다. 먼저, 육체적인 사랑을 다루기 위해서는 필연적으로 물리적인 신체와 쾌락의 문제를 다룰 수밖에 없는데, 육체를 대하는 태도가 긍정적이냐, 부정적이냐에 따라 이야기의 주제는 달라질 것이다. 마찬가지로 정신적인 사랑을 다루기 위해서는 사랑이라는 개념의 문제, 그리고 육체와 구별되는 영혼의 문제를 다룰 수밖에 없는데, 각각의 개념을 어떻게 규정하는냐에 따라, 그리고 사랑의 가치를 어디에 두느냐에 따라 주제가 달라질 것이다.

사랑은 보편성을 확보하기 좋은 소재이자 주제임에 틀림없다. 그런데 초보자들이 만들어내는 사랑 이야기는 대부분 천편일률적이다. 주인공은 늘 젊은 학생들이고 그들의 사랑이란 것도 추상적이기 그지없다. 사랑이 주는 행복이나 고통도 우연에 기대어 있는 경우가 많기 때문이다. 물론 어리거나 젊다고 해서 사랑을 할 수 없다는 말은 절대로 아니다. 다만 그들의 사랑이 생활과 어우러지지 못하고 오로지 만남과 헤어짐에만 초점을 맞출 경우, 주제를 뚜렷이 드러내지 못하고 관념적이고 식상한 이야기만 늘어놓게 된다. 누구나 한 번쯤 애틋한 사랑을 꿈꿔봤겠지만, 주제를 제대로 형성하지 못한다면 자기한테만 애틋하지 다른 사람들에게는 안 봐도 뻔한 유치한 이야기에 그치기 쉽다.

〈로미오와 줄리엣〉이 셰익스피어의 4대 비극에 속하지 못하는 이유도 여기에 있다. 아무리 청춘의 애절한 사랑을 그려냈다고 해도 그들의 사랑은 10대의 불같은, 그리고 맹목적인 사랑일 뿐이다. 누군들 아무 것도 신경 쓰지 않고 오로지 사랑을 위해서 온몸을 불사르고 싶지 않겠는가! 그러나 아침에 눈을 뜨면 우리들 대부분은 갑갑한 현실을 마주한다. 현실적인 고민 없이 그저 사랑에만 매달릴 수 있는 사람은 극히 드물다. 10대도, 20대도 학업의 부담과 자신이 처한 경제적 환경에서 자유로울 수 없다. 그런 상황에서 오로지 사랑에만 몰입할 수 있다면 그 얼마나 축복받은 사람인가. 인생에 관한 깊은 사고나 통찰이 보이지 않는 로미오와 줄리엣의 비극적인 사랑이 재미있게 느껴지는 이유는, 그 작품이 가문 간의 반목이라는 운명이 가로막고 있기 때문이다. 오랜 세월 가문 간의 반목에 의한 비극적인 사랑 이야기는 다양한 형식으로 반복해서 재창조되었다.

이제 웬만해서는 그런 사랑 이야기를 새롭게 느껴지도록 만들기 쉽지 않다. 더 많은 관찰과 경험이 필요하다. 그래서 직·간접적인 경험 없이 무턱대고 상상에만 기대어 만들어낸 사랑 이야기는 유치해지기 십상이다. 지금 이 순간 사랑을 주제로 이야기를 만들려는 사람이 있다면, 주야장천 사랑 타령만 할 것이 아니라, 삶의 무게와 같은 다양한 것들을 함께 녹여낼 수 있어야 한다. 그때야 비로소 사랑이라는 주제가 한층 빛을 발하게 될 것이다. 사랑뿐 아니라 다른 주제도 역시 마찬가지다. 무엇이든 이야기의 주제가 될 수는 있지만, 깊은 사색을 통해 여러 다른 복합적인 상황에서 주제를 부각시키는 게 바람직하다.

이제 소재와 주제에 대한 생각이 정리되었다면 본격적인 스토리텔링의 요소들을 구성할 때가 되었다. 스토리텔링은 특정한 목적을 지니지 않은 개인적인 창작물일 경우를 제외하고는 대부분 일정한 목적을 지니고 있다. 그럴 경우 기획이 더욱 중요해진다. 기획을 통해 목적을 충실히 반영하는 스토리를 구상해야 하기 때문이다.

기획 항목에는 기획의도, 이야기 소재, 캐릭터 설명, 줄거리 등이 포함된다. 기획의도는 자신이 만들어낼 스토리가 지향하는 바, 혹은 그것을 통해서 얻어낼 수 있는 것을 드러내는 것이다. 기획의도에는 스토리텔링을 하는 의도가 명확히 드러나야 한다. 공모전에서 가장 중요한 것은 기획의도의 적절성이다. 주어진 주제나 소재를 살리지 못한 기획은 쓸모가 없다. 주제를 살리기 위해 어떤 소재를 이용하는 것이 좋을지 충분한 자료조사를 통해 검토하는 것이 바람직하다. 단순한 정보만 가지고 기획을 하는 것이 아니라 여러 자료를 비교하고 선별해서 걸러내야 한다. 그렇게 선별된 소재를 주제와 연결시킨 후에는 캐릭터, 줄거리에 대한 본격적인 작업에 착수하면 된다.

2장

스토리텔링
뼈대 만들기

소재와 주제가 결정된 상태에서 일단 무작정 랩톱을 켜고 하얀 백지 위에 이야기를 써내려가는 방법은 안 된다. 자기 스스로 글쓰기 의욕을 깎아먹는 일이 될 뿐이다. 차라리 연습장이나 수첩을 꺼내 생각을 메모해놓는 게 훨씬 더 바람직하다. 스토리텔링은 뼈대를 만들어놓고 천천히 살을 붙여나가는 작업이다. 밑그림도 없이 바로 그림을 그려도 좋은 작품을 만들 수 있는 절정 고수가 아니라면 기본 구성부터 시작해야 한다.

창작을 위한
준비

사실 무엇을 기획할 것인가 고민한다는 것은 뜬금없는 소리일 수도 있다.

왜냐하면 '○○에 관한 기획을 만들어라', 혹은 '○○에 관한 기획이 필요하다'라는 말이 먼저 던져진 후에야 어떻게 기획할 것인지 고민할 수 있기 때문이다. 하지만 그 말들이 나오기 전부터 미리 준비가 되어 있어야 한다. '무엇을 기획할까' 하는 고민은 대부분 아무런 준비가 없기 때문에 생긴다. 제일 좋은 준비는 다른 작품들을 많이 접하는 것이다. 소설이든 영상이든 가리지 않고 많이 보는 게 좋다. 그중 감명 깊게 봤거나 저절로 욕이 튀어나올 정도로 끔찍했던 작품이 있었다면 거기서부터 출발하는 것이 좋다. 남의 작품을 많이 보았다는 것 자체가 재산이다.

다른 작품을 많이 보고 작품의 장단점을 분석하는 습관을 길러
야 한다. 그래야 어떤 실수를 조심해야 하는지 스스로 깨닫게 된다.
작품 분석을 위해 살펴야 할 것들은 다음과 같다.

분석을 해보았으면 반드시 수정해보자. 다른 스토리텔러가 만든
작품들을 감상하고 장단점이 무엇인지 나름대로 분석했다면, 먼저
단점을 자체적으로 수정해보는 게 좋다. 내용을 보강해도 좋고 스
토리 자체를 전혀 다른 방향으로 끌어가도 좋다.

이런 습관을 기르면, 작품들을 감상할 때와 또 다른 즐거움을 느
낄 수 있다. 더불어 이미 만들어진 작품을 자기 나름대로 다시 만들

어보는 작업에 재미를 들이면, 창작욕도 함께 샘솟을 것이다.

분석 외에도 다른 이의 작품을 모방하는 과정도 필요하다. 남의 것을 모방하는 게 반드시 나쁜 건 아니다. 모방은 창조의 어머니라는 말도 있지 않은가. 아리스토텔레스라는 철학자도 '창조는 모방에서 출발한다'고 말했다. 훌륭한 화가가 되기 위해서 기존 작가들의 그림을 많이 따라 그려보는 것처럼 스토리텔러도 다른 작품의 모방에서 출발하는 게 좋다. 소설을 잘 쓰고 싶다면 유명한 소설을 그대로 한 번 베껴 써보도록 하자. 한 번 베껴 쓰고 나면 분명 자신의 필력이 달라졌음을 느낄 수 있을 것이다. 하지만 이때의 모방은 연습용일 뿐이지 모방한 작품을 마치 자기가 만들어낸 창작물처럼 내놓아서는 절대 안 된다. 다시 말해, 무조건 모방하라는 게 아니라 모방을 통해 기술을 습득하고 자신만의 것을 만들어낼 줄 알아야 한다는 뜻이다. 단순한 모방에 그친 작품은 아우라, 즉 원작만이 갖고 있는 독창성originality이 담겨져 있지 않다. 단순한 복제품에 불과한 것이다. 물론 디지털 시대의 콘텐츠는 독창성이 크게 작용하지 않을 수 있다. 하지만 그 역시 생산자의 권리, 즉 저작권은 보호받기 때문에 누군가 불법으로 콘텐츠를 복제해 사용한다면 법적인 처벌을 면할 수 없다.

처음 모방할 때는 원작을 그대로 따라하는 게 좋다. 그림이라면 옆에 놓고 따라 그리고, 소설이라면 필사하면 된다. 그러다 보면 자연스럽게 기술을 습득할 수 있다. 어느 정도 기술을 익혔다 싶으면 한 단계 더 나아가 패러디를 해보는 게 좋다.

패러디parody란 말은 '대응노래counter-song', 혹은 '파생적인 노래'라는 뜻의 고대 희랍어 'parodia'에서 온 말이다. 주로 풍자나 희화하기 위해서 작가나 작품의 스타일을 모방하는 경우가 많은데, 이때의 패러디는 단순한 모방품이 아니다. 단순한 모방은 표절에 불과하다. 패러디의 대상이었던 원작품과 패러디 작품은 각각 다른 의미를 갖기 때문에 표절과는 다르다. 그럼 패러디는 어떻게 하는가? 단순히 모방에 그치는 게 아니라 원작에 어떤 변형을 가해 새로운 의미를 만들어내면 패러디가 된다.

원작과 패러디 작품

〈모나리자〉
레오나르도 다빈치

〈L.H.O.O.Q〉
마르셀 뒤샹

앞의 그림은 뒤샹이 레오나르도 다빈치의 작품을 패러디한 것이다. 원작의 제목은 〈모나리자〉지만, 뒤샹의 작품에는 〈L.H.O.O.Q〉라는 제목이 붙어 있다. 뒤샹은 기념엽서 위에 마치 낙서를 하듯 수염을 그려 넣고 새로운 제목을 달아줌으로써 원래의 작품이 갖고 있는 의미와는 전혀 다른 의미를 만들었다. 원래 모나리자는 온화한 미소를 짓고 있는 정숙한 여인의 모습을 하고 있었다. 하지만 남자처럼 수염을 기른 우스꽝스런 모습의 여인은 전혀 다른 분위기다. 게다가 이 작품의 제목 〈L.H.O.O.Q〉을 읽어 보면 'Elle a Chaud au Cul'이라는 불어 문장으로 읽힌다. 우리말로 번역하면 "그녀는 뜨거운 엉덩이를 가졌다"는 의미다. 뒤샹은 모나리자의 얼굴이 사실은 여성으로 분장한 레오나르도 다빈치가 아닐까 하는 생각에 수염을 그려 넣었다고도 하는데, 분명한 건 원작이 갖는 의미와는 또 다른 무언가가 추가되었다는 점에서 단순한 모방이 아닌 패러디인 것이다.

모방과 패러디를 통해 발견한 것들을 자신만의 것으로 만들려면 창작을 할 때마다 스토리텔링 노트를 만들도록 하자. 보다 쉬운 스토리텔링을 위해서는 준비된 자료가 많을수록 좋다. 그래서 분석이나 수정 작업을 머릿속으로만 해서는 안 된다. 모든 작업은 착실하게 기록해야 하고, 나중에 찾아보기 쉽게 목록을 작성해놓는 것도 중요하다. 목록의 파일링은 다음과 같이 해보자.

　　그리고 처음부터 포트폴리오를 만들어놓는 습관을 기르자. 다른 분야와 비교해보면, 스토리텔링 포트폴리오는 이미지 활용이 적고 텍스트의 분량이 많은 게 특징이다. 그렇기 때문에 한 눈에 작품을 알아보기 힘들다. 그에 대한 보완작업으로, 작품 하나가 있다고 하면 제일 첫머리에 스토리텔링에 관한 요점을 정리해 붙여놓는 것이 좋다. 단, 포트폴리오는 단순히 양이 많다고 해서 좋은 평가를 받는 것이 아니기 때문에 반드시 수정을 거친 작품들만 엄선해서 모아놓도록 하자.

실습문제

Q. 재미있게 보았던 소설, 영화, 드라마의 분석을 항목별로 정리해보자.
아쉬웠던 점이 있다면 내 생각을 보강해보자.

별에서 온 그대

캐릭터 → 슈퍼맨, 신데렐라, 재벌이야기는 아직 통하는 듯하다.
캐릭터들의 전형적이 모습이 사회의 현실을 반영했다기보다는 가부장적 전형성을 넘지 못하고 있는 듯하며, 특히 유세미 캐릭터가 그렇다.
도민준 캐릭터는 초능력자인데 가끔 그 능력이 무색할 정도로 무력하게 나타난다.

사건 → 외계인, 삼각관계, 살인사건 등의 사건을 버무려 놓았다.
중간쯤 가면서 회상이 많아져 속도감을 저해하고 있는 듯하다. 아마도 인기를 의식해 분량을 늘이기 위한 의도적인 피드백이 아닌가 싶다.
검사나 형사들이 사건을 풀어나가는 능력을 너무 바닥으로 만들어 놓은 듯하다.

배경 → CG활용이 많았는데, 판타지적 세계관을 잘 살린 듯하다.

실습문제

Q. 재미있게 보았던 소설, 영화, 드라마의 분석을 항목별로 정리해보자.
아쉬웠던 점이 있다면 내 생각을 보강해보자.

작품명:

캐릭터 →

사건 →

배경 →

스토리텔링의
네 가지 규칙

스토리텔링을 하기 위해서는 일단 자기가 만들 이야기의 아우트라인outline을 설정해야 한다. 모든 스토리텔링에서 아우트라인은 기본이자 최우선으로 해야 할 일이다. 그런데 그게 말처럼 쉽지만은 않다는 게 문제다. 기본적인 의도와 내용을 구상하고 또 요약해서 틀을 만드는 작업은 실제 창작에서 가장 어려운 일이다. 소재와 주제를 생각하고 결정했다고는 해도 그것을 어디서, 어떻게, 어떤 방향으로 풀어낼지 계획하는 일 자체가 방대한 탓이다. 그래서 대부분의 초보자들은 아우트라인을 설정하기도 전에 자기가 상상하고 있는 재료와 핵심적인 내용을 그냥 머릿속에 넣어둔 채 무턱대고 일단 써내려가기 시작한다. 출발할 때는 누구나 다 진지하고 재미있는 이야기를 만들 것이라는 기대감에 부풀어 있다. 하지만 '닥치고 달려'식은 좋은 창작 방법이 될 수 없다. 그런 우직한 방법을 통해 일정한 수준을 보장할 수 있는 작품을 생산해낼 수 있는 사람이 있다면, 그야말로 '고수'의 반열에 든 사람일 게 분명하다. 자기 자신이 그런 사람이라면 이 순간 책을 덮어야 한다. 그런 고수들은 이미 스토리텔링의 기본적인 테크닉이 몸에 배어 있는 사람들이기 때문에 이 책을 읽을 필요가 없다.

초보자에게 가장 중요한 자세는 기본에 충실한 것이다. 앞서 이야기했듯 튜토리얼을 거쳐야 게임의 플레이 방식을 습득할 수 있듯, 스토리텔링도 기본적 테크닉을 익혀야 비로소 제대로 된 창작을 할 수 있다. 물론 튜토리얼을 건너뛴 채 무작정 게임을 시작하는 경우도 있다. 하지만 그런 경우 플레이어는 튜토리얼을 실행하는 것보다 훨씬 더 많은 시간을 허비하고 헤맬 가능성이 높다. 어차피 게임은 그저 즐기는 것에 불과하기 때문에 그런 시행착오나 시간적 허비도 하나의 즐거움이 아니냐 하는 사람도 있을지 모른다. 하지만 그런 사람들도 머지않아 곧 공략법을 연구하게 되고 어떻게 하면 보다 효율적으로 플레이를 할 수 있는지를 찾게 된다. 그나마 게임은 남이 만들어놓은 이야기에 참여하여 즐기는 것이기 때문에 언제든 그만 둔다 해도 상관없고 마무리를 짓지 않아도 괜찮다. 하지만 스토리텔링은 다르다. 마무리되지 않은 스토리텔링은 더 이상 스토리텔링이 아니기 때문이다.

아우트라인을 구성하는 것은 이야기를 완성하기 위한 필수 작업이기 때문에 스토리텔링 초보자들이 간과해서는 안 되는 기본 과정임에도 불구하고 그 구성이 만만치 않다. 그러면 어떻게 해야 그 과정을 무난하게 통과할 수 있을까? 이 부분에서 데카르트가 제시한 '학문의 규칙'을 응용하면 도움이 된다. 데카르트가 말한 학문을 하는 법칙은 다음과 같다.

데카르트의 '학문의 규칙'

A 내가 자명하게 진실이라고 인정할 수 없는 어떤 것이든 진실로서 받아들이지 않는다. 속단과 편견을 피하고, 의심을 품을 여지가 전혀 없을 만큼 분명하게 정신에 나타나는 것 이외의 사항은 아무 것도 나의 판단 속에 포함시키지 말 것.

B 판단하기 어려운 문제는 필요한 만큼의 작은 부분으로 분할할 것.

C 나의 사고를 순서에 따라 이끌어갈 것. 가장 간단하고 알기 쉬운 것에서 가장 복잡한 인식에 이르는 순차적 가정.

D 모든 경우에 하나하나 철저히 살피고 전체를 재검토하여, 아무 것도 빠뜨리지 않았음을 확신할 것.

이 내용을 스토리텔링에도 비슷하게 적용할 수 있다.

— 누구나가 인정할 만큼 재미있는 주제나 소재를 다룬다.

처음 스토리텔링을 하는 사람들은 나르시스적 감상에 빠지기 쉽다. 자신이 만들어낸 이야기에 대한 애착이 강한 만큼 그에 대한 객관적인 판단도 흐려지기 쉽다. 그래서 누가 봐도 재미없는 이야기를 쓰고 있으면서도 자기 혼자만 재미있게 느끼는 경우가 있다. 자기가 만든 이야기를 남이 본다는 사실을 부끄러워하거나 비판이 두려워 다른 사람에게 보여주기를 꺼리는 사람이라면 그럴 가능성이 더욱 높아진다. 자기 안에 갇혀 있는 상태에서 좋은 작품을 만들 가능성은 매우 희박하다. 아무리 스토리텔링이 혼자 하는 작업이라고 해도 결국 결과물을 평가하고 감상하는 것은 다른 사람이기 때문에 스토리텔링의 모든 과정에는 타인에 대한 고려가 수반되어야 한다. 물론 100퍼센트 모든 결정을 타인의 의견에 따라야만 한다는 말은 아니다. 하지만 타인의 조언에 귀 기울이지 않는 스토리텔러는 절대로 좋은 이야기를 만들 수 없다.

그렇기 때문에 초보자는 누구나 인정할 만큼 재미있는 주제나 소재를 가지고 작업하는 게 바람직하다. 설령 누구도 생각지 못했던 자신만의 세계를 창조하고 싶다거나, 작가주의에 입각한 진지한 성찰을 해보고 싶어도 그런 꿈은 '고수'가 된 후로 잠시 미뤄두는 게 좋다.

B 막연한 상상 단계의 이야기는 가급적 작은 부분으로 여러 번 나누어 다룬다.

무언가 그럴싸한 이야기를 생각하고 있거나 만들고 싶은 이야기가 있다고 하자. 초보자라면 누구나 머릿속에 떠오르는 생각들을 막상 꺼내 놓으려 할 때 어느 대목을 어떻게 풀어내야 할지 난감했던 경험이 있을 것이다. 그럴 때는 자기가 상상하고 있는 이야기를 가급적이면 여러 조각으로 쪼개는 작업이 필요하다. 스토리텔링은 마치 조형틀로 조각물을 단번에 찍어내듯 만드는 작업이 아니다. 오히려 여러 부분들이 결합해 하나의 전체를 완성하는 '소조塑造'에 가깝다. 그렇기 때문에, 전체를 이루고 있는 뼈대와 그것을 지탱하는 부분들이 무엇인지 먼저 나누어놓고 살펴보아야 한다. 왜냐하면 스토리텔링에도 소조 작품에서처럼 뼈대가 되는 요소들이 있기 때문이다. 그 뼈대는 다들 잘 알고 있는 소설 구성의 3요소, 즉 인물, 사건, 배경이다. 그리고 그 뼈대 위에 덧붙이는 것들은 차후에 이야기 완성을 위해 필요한 부분 작업이 된다.

C 나눈 부분 중에서 쉬운 부분부터 쓰기 시작한다.

데카르트가 가장 단순하고 가장 인식하기 쉬운 것부터 학문을 시작해야 한다고 말한 것과 마찬가지로, 스토리텔링도 아주 작은 단계에서부터 출발해야 한다. 소조 작품을 만드는 것처럼 먼저 뼈대를 세우고 그 위에 살을 붙여 제 모양이 되게끔 다듬는 것이다. 그때 어느 부위에서부터 살을 붙여야 하는지에 대한 룰은 딱히 존재하지 않는다. 그냥 자기가 만들고 싶은 부분부터 살을 붙여나가면 된다.

어린 시절을 떠올려보자. 누구나 한 번쯤 프라모델을 조립해본 적이 있을 것이다. 박스에 동봉되어 있는 설계도에는 조립하는 순서가 나와 있다. 대부분의 경우 각 부위들을 조립하고 난 뒤에 그것들을 하나로 조립하는 식이다. 어느 부위를 먼저 조립해야 한다는 내용이 딱히 없을 때, 그 순서는 전적으로 조립하는 사람의 선택에 달려 있다. 잘 이해가 되지 않으면, 어린 시절 방학숙제를 떠올려보자. 어려운 것부터 해치우고 나면 다른 쉬운 것들은 금방 할 수 있으리란 생각에 일단 어려운 걸 먼저 붙들고 시간을 보낸 경험이 있을지도 모르겠다. 하지만 그 결과는 대부분 처참했을 것이다. 어려운 건커녕 쉬운 것조차 밀리고 밀려 개학을 코앞에 두고 쩔쩔맸던 기억이 있지는 않은가.

스토리텔링의 시작도 마찬가지다. 어느 부분부터 구성해야 하는가는 전적으로 자신의 선택에 달려 있다. 하지만 어려운 부분부터 시작하면 그 부분에서 시간만 허비하고 나머지 부분은 손도 못 대는 일이 발생하기 일쑤다. 그래서 만들고자 하는 이야기를 작은 부분들로 나눈 뒤, 스스로 판단했을 때 가장 쓰기 쉬운 부분부터 시작하는 게 좋다. 그렇게 제일 쉬운 부분에서 그 다음 쉬운 부분의 순서로 모든 부분들에 대한 살붙이기가 끝난 다음에는 각각의 완성된 부분들을 다시 일정한 패턴으로 잘 묶어주기만 하면 된다. 그렇게 하나의 완성된 이야기가 탄생하는 것이다.

D ── 빠진 내용이 없는지 철저히 검토한다.

프라모델 조립처럼 결합이 끝나면 각각의 부분들이 잘 붙었는지, 혹은 어긋난 곳은 없는지 살펴야 한다. 이런 확인 작업을 하지 않으면 허술하게 결합된 부위가 톡톡 떨어져나가 다시 붙여야 하는 일이 발생한다. 게다가 이미 완성시킨 걸 다시 붙일 때면 전체를 다시 해체해야 하는 번거로움이 생길 수도 있다. 그래서 수정과 검토 작업은 필수다. 아무리 심혈을 기울여 완성했더라도 반드시 보완하거나 수정해야 할 것들은 있기 마련이다. 그런데 자기가 써놓은 걸 보고 실수를 찾아내기는 쉽지 않다. 웬만하면 완성 후 다른 사람에게 그 이야기를 읽혀보는 것이 좋다. 신기하게도 타인은 내가 미처 발견하지 못한 실수를 금세 발견한다. 간혹 다른 사람이 자기 글에 대해 비판을 한다고 해도 감정적으로 대처해서는 안 된다. 별문제 없는데, 그리고 잘 알지도 못하면서 누군가 '태클'을 걸어온다고 생각하면서 공연히 자존심을 내세우지 말자. 마음에 상처를 입었다고 해도 다른 사람의 지적에 무작정 화를 내거나 무시하다 보면 습관으로 굳어져 폐쇄적이 되기 십상이다.

처음부터 칭찬받을 만한 좋은 이야기를 만들 수 있는 사람은 극소수에 불과하다. 대부분 수많은 경험을 통해 자기가 갖고 있는 결함을 수정하고 또 보완하는 경험을 한 후에야 비로소 자기 작품을 객관적으로 바라볼 수 있는 식견과 여유를 갖게 된다. 따라서 타인이 지적에 자존심 상하는 일이 있을지라도 완전히 그 지적이 말도 안 되는 이상한 게 아니라면 겸허하게 받아들여 수정할 줄 아는 태도를 배워야 한다.

이상의 네 가지 규칙을 지켜나간다는 가정하에 이제 본격적인 구성 요소를 살펴보도록 하자. 제일 먼저 손을 대야 하는 부분은 캐릭터, 인물 구성인데 딱히 '이런 방법으로 구성해라'라는 구체적 방법은 알려줄 수가 없다. 왜냐하면 스토리를 만드는 사람들이 다르듯 표현 방법이나 개성도 다르기 때문에 어떤 것이 정답인지 콕 집어서 말하기 어렵기 때문이다. 즉 글쓰기에 정답은 없다는 말이다. 그래서 구체적 방법을 다루는 부분에서는 '무엇을 해야 하는가'보다는 '무엇을 하지 말아야 하는가'가 중심이 될 것이다.

모든 이야기는
캐릭터가 끌어간다

드라마를 보다가 다음 대사가 예측되고, 그게 정확하게 맞아 떨어지는 상황을 겪어본 적이 있을 것이다. 캐릭터의 성격이 고정적이면 그 인물이 어떤 상황에서 어떤 방식으로 반응할지 미리 예상이 가능하기 때문에 가끔 그런 일이 벌어지곤 한다. 그런 캐릭터가 이야기에 자주 등장하면 스토리의 진행 또한 쉽게 예측된다. 당연히 쉽게 예측할 수 있는 이야기는 흥미가 떨어지기 마련이고 작품성도 기대하기 힘들다.

물론 예측 가능함을 이용한 스토리텔링도 있다. 예를 들어, 애니메이션 〈세일러 문〉에 등장하는 캐릭터처럼 "정의의 이름으로 너를 용서하지 않겠다"는 대사와 전형적인 상황을 반복적으로 각인시키면서, 주인공의 변신 상황 자체를 기대하게 만드는 이야기도 있다.

어린이들이 좋아하는 대부분의 애니메이션이 이런 형식을 취하는데, 이는 기대하는 상황이 재현되길 바라는 욕구가 충족될 때의 쾌감을 이용한 것이다. 하지만 한번 뒤집어 생각해보자. 정의라는 미명하에 폭력이 항상 정당화될 수 있을까? 조금만 깊이 생각해보면 성인들을 위한 심오하고도 복잡한 이야기의 〈세일러 문〉이 탄생할수도 있을 것이다. 그만큼 캐릭터를 만드는 것은 이야기에서 매우중요한 부분이다.

쉬운 부분부터 시작해도 된다고 해놓고 왜 하필 캐릭터부터 시작하느냐고 물을 수도 있겠다. 이야기를 부분으로 나누고 쉬운 부분부터 완성하라는 규칙은 전체를 구성하는 방법, 즉 뼈대를 만든 이후의 이야기이므로 오해하지 말자. 뼈대 역할을 하게 될 기본 구성 요소는 이야기를 펼치기 전에 먼저 설정되어 있어야 한다. 인물, 배경, 사건의 세 요소 중에 굳이 인물을 먼저 설정하는 까닭은 초보자들에게 복잡한 구성을 통하지 않고도 이야기의 중심이 될 갈등요소를 배치함에 있어서 좀 더 편리함을 마련해주기 위함이다. 본인이 원한다면 다른 요소부터 설정해도 좋다.

하지만 여러 가지 다양한 시도를 해봐도 인물이 결정되지 않으면 다른 요소들을 만들어내기가 쉽지 않다는 걸 곧 깨닫게 될 것이다. 그리고 다시 인물부터 시작하게 될 것이다. 주요 등장인물이 몇명이냐에 따라서 이야기가 단순해질 수도, 복잡해질 수도 있다. 그런데 등장인물의 숫자가 적으면 이야기가 단순해져 진행과 결말이

뻔해질 수도 있으니 당연히 피해야 하는 게 아닌가 생각하기 쉽다. 그래서 초보자들은 이야기의 구조를 만들겠다는 욕심 때문에 무작정 등장인물의 수를 늘리는 경우가 있다.

하지만 이야기의 복잡한 구성은 단순히 등장인물의 수로 결정되는 것이 아니다. 처음부터 무리한 계획으로 다수의 인물을 등장시키면 서로 연관성도 희박해지고 따로 놀아 오히려 이야기를 더 허술하게 만들 가능성이 높다. 적은 수의 인물을 가지고도 얼마든지 짜임새 있고 복잡한 이야기를 만들어낼 수 있다. 탄탄한 이야기 구성은 인물의 수와 관계없으니 다수의 인물을 만들어 구성을 복잡하게 만들지 않도록 하자.

한류 붐을 일으키며 일본으로 수출되었던 드라마들도 돌이켜 생각해보면 그다지 많은 인물이 등장하지 않는다. 오히려 정말 얼마 안 되는 인물들이 전체의 스토리를 끌고 가면서 끝까지 긴장감을 유지하는 힘도 가지고 있다. 다만 한류가 확산되면서 이어서 만들어진 드라마들이 몇몇 인기 있는 배우를 중심으로 비슷한 이야기를 만들다보니 내용적으로 부실한 드라마를 다수 만든 것이 아쉬운 점이다. 어느 것을 보나 그게 그거인 것처럼 보이는 인물 구성이 문제였다. 일찍이 1980년대 홍콩 느와르 영화도 비슷한 현상을 겪고 쇠퇴의 길을 걸었다.

예를 들어 보자. 전형적인 한류 드라마를 한 편 완성하기 위해서는 일단 남자 2명, 여자 2명, 합이 4명의 캐릭터만 있으면 충분하

〈로맨스는 별책부록〉 관계도

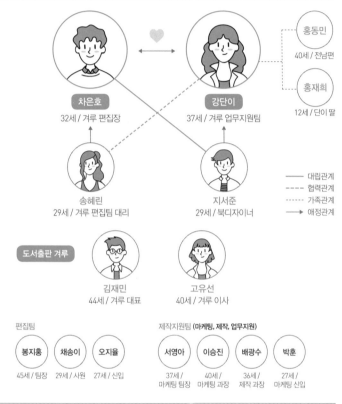

홍동민
40세 / 전남편

홍재희
12세 / 단이 딸

차은호
32세 / 겨루 편집장

강단이
37세 / 겨루 업무지원팀

송혜린
29세 / 겨루 편집팀 대리

지서준
29세 / 북디자이너

──── 대립관계
---- 협력관계
······ 가족관계
⟶ 애정관계

도서출판 겨루

김재민
44세 / 겨루 대표

고유선
40세 / 겨루 이사

편집팀

봉지홍
45세 / 팀장

채송이
29세 / 사원

오지율
27세 / 신입

제작지원팀 (마케팅, 제작, 업무지원)

서영아
37세 /
마케팅 팀장

이승진
40세 /
마케팅 과장

배광수
36세 /
제작 과장

박훈
27세 /
마케팅 신입

다. 이 4명의 인물들 속에 주인공 남녀와 조연급 남녀가 설정된다. 이야기의 기본적인 골격을 보면, 주인공 남녀는 어떻게 해서든 사랑의 관계로 이어지고, 조연급의 남녀는 주인공의 애정관계에 얽혀 장애물로 작용하는 형태를 갖는 게 대부분이다.

그림에서 보이듯, 남녀 주인공과 그에 따르는 남녀 조연만 있으면 간단하게 하나의 사랑 이야기를 완성할 수 있다. 흔한 멜로물이 그러하듯 주인공 남녀는 서로 사랑하지만 이루어지지 못하는 사이다. 남자 주인공은 남자 조연과 여자 주인공을 사이에 놓고 서로 연적관계로 설정하면 된다. 이때 두 남자의 관계는 친구이거나 적어도 서로 아는 사이인 경우가 많지만, 굳이 모르는 관계여도 상관없다. 남자 조연에게는 자신을 짝사랑하는 또 하나의 여성(여자 조연)을 연결해놓으면 된다. 여자 조연은 자기가 좋아하는 남자의 마음을 차지해버린 여주인공을 미워하고 시기할 수밖에 없다. 그래서 주인공 남녀의 사랑을 돕거나 연결시켜주는 역할을 함으로써 남자 조연의 사랑을 차지하려는 인물로 설정하면 된다. 그럼 각각의 인물들이 서로 얽히면서 자연스럽게 갈등을 이끌어낼 수 있다.

이후에 남는 건 갈등을 어떤 사건으로 만들어 배치하는가의 문제다. 기본적으로 주인공들은 선하게 그리고, 조연들에게 갈등의 단초를 던져놓는 것이 멜로물의 전형적인 형태다. 반면 중요한 갈등 요소가 주인공들에게 있을 때는 대개 복수극의 형태로 흘러가는데, 조연들은 복수를 돕거나 어렵게 만드는 역할을 수행한다. 하지만 그런 이야기 역시 주인공 남녀 간의 관계를 나타내는 도식에서는 결코 벗어나지 않는다. 배우만 바뀌고 갈등의 세부적인 사건들만 바뀔 뿐 실제로 이러한 도식에서 벗어나는 멜로드라마는 거의 없었다.

인물을 설정할 때는 〈로맨스는 별책부록〉의 관계도처럼 인물들이 서로 어떤 관계로 엮여 있는지 그림을 그려보는 것이 포인트다. 그렇다고 해서 반드시 처음부터 그런 관계를 염두에 두고 시작해야 한다는 말은 아니다. 어떤 인물을 주인공으로 내세우고 어떤 인물을 조연으로 할지 별다른 계획이 없다고 해도 개별적인 인물들에 대한 구성부터 시작하면 된다. 처음 이야기를 만들어본다면 각각의 인물에 대한 개별적 구성이 끝난 다음에 관계도를 그려보는 편이 더 좋은 방법이 될 수도 있다.

캐릭터의 구분

캐릭터를 성격에 따라 구분해보면 일단 착한 캐릭터와 악한 캐릭터 두 가지로 나누어볼 수 있다.

처음부터 끝까지 어떤 변화도 보이지 않고 착한 성격을 그대로 유지하는 캐릭터는 어린이를 대상으로 하는 동화 속에 주로 등장한다. 이런 캐릭터가 주는 재미는 없다. 왜냐하면 캐릭터의 성격이 뻔하기 때문에 스토리의 진행은 물론 결론까지 쉽게 추측할 수 있기 때문이다. 스토리를 보다 재미있게 만들어주는 캐릭터는 그렇게 변함없는 성격을 가진 캐릭터가 아닌, 양가성兩價性을 가진 캐릭터다. 여기에서 이야기하는 양가성이란 다른 사람이나 사물, 또는 상황에 대해 서로 반대되는 감정과 태도, 경향성이 동시에 존재하는 것을

〈백설공주〉의 예

착한 캐릭터

등장할 때부터 착한 성격을 지녔고, 이야기가 끝날 때까지도 착한 성격이다. 주로 동화 속에 많이 등장하는 캐릭터다. 예를 들어 백설공주는 누구에게도 화를 내지 않는 착한 성격의 소유자다.

악한 캐릭터

등장할 때부터 악한 성격의 소유자이며, 이야기가 마무리되는 시점까지도 사악한 경우가 많다. 역시 동화 속에 많이 등장하는 캐릭터다. 백설공주에게 독이 든 사과를 건네는 마녀가 대표적인 예다.

말한다. 인간은 누구나 착한 성격과 악한 성격을 모두 가지고 있다. 다만 어떤 상황에 처하고 어떤 영향을 받느냐 따라 내면에 있는 어느 한 가지 성격이 더 부각되어 나타나는 것이다. 그래서 현실감 있는, 입체적인 캐릭터를 만들기 위해서는 양가성을 가진 인물을 설정하는 것이 좋다.

예를 들어 만화 〈데스노트〉의 주인공 야가미 라이토 같은 인물이 그렇다. 라이토는 보는 관점에 따라 선하기도 하고 악하기도 한 양가성을 가진 캐릭터다. 라이토는 범죄로부터 사회를 구하려는 정의감으로 똘똘 뭉친 캐릭터다. 하지만 그는 데스노트를 사용하면서부터 정의를 수호하기 위해서라면 수단을 가리지 않는 인물 '키라'

가 된다. 이 인물을 선과 악의 차원에서 단순하게 어느 한 쪽으로만 재단하면 스토리가 재미없어진다.

또한 역할에 따라 캐릭터를 구분해보면 다음과 같다.

주인공	이야기를 이끌어가는 중심인물.
조연	주인공은 아니지만 주인공 못지않은 비중을 가지고 이야기를 이끌어가는 인물.
주변인물	핵심적인 인물은 아니지만, 이야기의 진행을 돕거나 감칠맛 나게 만드는 역할을 하는 인물.

스토리는 캐릭터가 끌어간다. 스토리를 구성하고 있는 요소는 소설 구성의 3요소(인물, 사건, 배경)와 동일하다. 물론 셋 가운데 어떤 요소에 더 비중을 두느냐에 따라 스토리의 구성은 조금씩 달라질 수 있다. 하지만 절대로 달라질 수 없는 것이 바로 인물, 즉 캐릭터의 비중이다. 사건을 중심으로 이야기를 풀어도, 배경을 중심으로 이야기를 풀어도 그 안에는 반드시 캐릭터가 있어야만 하기 때문이다. 캐릭터 없이는 아무런 이야기도 진행될 수 없다. 스토리텔링의 시작부터 끝까지 눈을 떼지 말아야 하는 것이 바로 캐릭터를 만드는 작업이다. 흔히 잘된 작품에는 '캐릭터가 살아 있다'는 말을 한다. 캐릭터의 설정이 잘됐다는 의미다. 캐릭터에 존재감과 생명력이 없으면 아무리 다른 요소를 보강한다고 해도 눈길을 끌 수 없다. 항상 스토리를 끌어나가는 중심에는 캐릭터가 있음을 명심하자.

미리 완성된 스토리를 만들지 마라

처음부터 스토리를 생각하지는 말자. 초보자들이 인물을 설정하는 걸 보면 대부분 등장하는 모든 인물들을 미리 연결시켜놓고 시작하려는 경향을 보인다. 그런데 그렇게 처음부터 모든 관계를 구성하면 전체적인 이야기를 먼저 구성해야 한다는 부담을 떠안고 시작하게 된다. 그러다 보면 아직 어떤 내용을 써야 할지 정해지지 않은 상태에서 전체 스토리를 만듦과 동시에 등장인물의 구성까지 해야 하는 복합적인 문제가 생긴다. 그래서 두 가지 일을 동시에 하려다보면 아예 시작조차 못하는 경우가 종종 발생 한다. 결국 첫 단계에서부터 아무런 작업도 진행시키지 못하고 손을 놓게 된다. 혹은 여차저차해서 시작은 했지만, 작품을 만들어가는 도중에 계속해서 의도치 않은 추가사항이나 수정사항이 발생해서 애초에 생각했던 스토리와는 거리가 먼 엉뚱한 작품이 되어버리기 십상이다. 그나마 이야기가 만들어지면 다행이지만, 대부분은 자기가 벌여놓은 일을 수습하지 못하고, 미완성인 채로 이야기에서 손을 떼고 만다. 이러한 일이 거듭되면 창작은 어느새 재미없는 노동이 되어버린다.

그런 미완의 반복에서 벗어나기 위해서는 먼저 욕심을 버리는 것이 중요하다. 모든 구성을 한꺼번에 끝내려는 욕심, 걸작을 만들고자 하는 욕심을 버린다면 훨씬 수월하게 첫 단추를 꿸 수 있을 것이다. 그 첫 번째 단계가 바로 작품 전체를 이루게 될 스토리를 배제한 상태에서 먼저 인물들을 구성하는 것이다. 나중에 스토리 안에서 이 인물들에게 어떤 역할을 부여할 것인지는 미리 고민할 필요는 없다. 오로지 인물 자체의 구성에만 집중함으로써 심적 부담을 덜어내고 보다 구체적인 인물, 즉 성격이 살아있는 캐릭터를 창조하는 데 집중해야 한다.

인물들의 연관관계를 배제하라

인물들을 미리 엮지 말자. 본격적인 스토리를 배제한 상태에서 인물을 구성하다 보면, 캐릭터들을 이리저리 움직이며 미리 관계를 엮고 있는 자신의 모습을 발견할 것이다. 하지만 스토리를 배제한 상태라고 해도 인물들의 관계를 만들기는 쉽지 않다. 미리 등장인물들의 연관관계를 설정하면 애초에 배제시켰던 스토리를 다시 끌어들일 수밖에 없다. 인물들끼리의 연관관계 자체가 스토리와 무관할 수 없기 때문이다. 그럼 초기에 애써 스토리를 배제시킨 보람이 사라진다. 또 다시 처음부터 전체 스토리를 생각하는, 원점회귀의 시행착오를 반복할 뿐이다. 따라서 가급적이면 인물들의 관계 역시 미리 구성하려 들지 말아야 한다. 모든 등장인물들이 각각 별개의 인물, 즉 서로 아무 상관없는 다른 이야기 속의 인물처럼 따로 구성하는 작업이 필요하다. 설령 당신이 설정한 캐릭터가 동시대의 인물이 아니어도, 심지어 인간이 아니어도 상관없다. 수많은 공상과학 영화나 판타지 영화에 인간이 아닌 존재들이 등장한다. 이처럼 자기가 만들어낸 캐릭터가 굳이 인간이 아니라고 해도 스토리가 구성되지 말라는 법은 없는 것이다.

또한 각각의 인물을 구성하면서 누구를 주인공으로 만들까 하는 생각도 하지 말자. 주인공을 미리 점찍어놓으면 어떤 한 인물에만 치중하는 일이 발생하고, 나머지 인물들에 대해서는 자기도 모르게 허술한 구성을 하게 된다. 주인공이 아니라고 해서 소홀히 다루면 일정 구간에서 반드시 빈틈이 생기기 마련이고 스토리 자체가 엉성해진다. 그래서 모든 인물들이 다 주인공이라는 생각을 가지고 비슷한 비중으로 어느 하나 소홀한 부분 없도록 구성하자. 그래야만 빈틈 없는 탄탄한 이야기를 만들어낼 수 있다.

히스토리를 만들자

근본 없는 캐릭터를 만들지 말자. 한 인물의 성격을 구성하기 위해서는 그것의 근간이 되는 '히스토리'를 만드는 작업이 필요하다. 여기서 말하는 '히스토리'는 인물의 개인사 정도로 이해하면 된다. 히스토리를 만드는 작업은 만들어진 인물들이 스토리 안에 배치될 때, 억지스럽거나 말도 안 된다는 느낌이 들지 않게끔 해주고 우연이 아니라 필연적인 과정을 따라 움직인다고 느끼게끔 만들어준다. 또한 스토리가 진행되는 과정에서 인물의 히스토리를 활용함으로써 스토리의 감칠맛을 돋우는 내적 깊이로 활용하거나 동기를 부여해주는 근거로 활용될 수도 있다.

　실제로 수사물이나 미스터리, 혹은 공포 추리물에서는 캐릭터의 '히스토리'를 자주 활용한다. 예를 들어, 미국 드라마 〈로스트〉를 보면 등장인물들의 히스토리를 중간중간 활용하면서 그 인물이 어떤 이유로 비행기에 탔고, 어떤 배경과 비밀을 갖고 있는 캐릭터인지 알려준다. 이런 캐릭터별 히스토리는 극의 몰입도를 높이고, 시즌제의 긴 스토리를 끌고나갈 밑천으로 작용한다.

　인물을 구성할 때는 가급적 세세한 일대기 형식으로 요약하는 게 좋다. 예를 들어, A라는 인물이 있다고 하자. A는 어떠한 부모 사이에서 태어났으며, 가정환경은 어떠했고, 고향은 어디며, 외모는 어떻고, 성격은 어떠하며, 그런 성격이 된 원인은 무엇인지 등. 어린 시절에서부터 현재까지 A가 어떤 삶을 살아왔는지 꼼꼼하게 정리하는 것이 좋다. 만약에 히스토리를 구성하는 것 자체가 마치 소설을 쓰는 것처럼 어려운 사람들이 있다면, 나이별로 끊어서 정리해도 된다. 만약 등장인물의 현재 나이가 스무 살이라면, 한 살 때는 어땠고, 두 살 때는 어땠고 등등 스무 단계로 끊어서 정리하면 조금 편해질 것이다. 구체적이고 세밀할수록 좋다. 더불어 외모와 성격에 대한 것은 물론 키와 몸무게, 잘생겼는지 못생겼는지 그저 그런 평범한 외모인지 등을 설정할 수 있다. 또한 성격은 온순한지 난폭한지, 적극적인지 소극적인지에 대한 설명도 뒤따라야 한다.

　인물의 히스토리는 그 인물이 스토리 안에서 일련의 사건과 마주

첫을 때, 어떤 결정을 내리고 어떻게 행동할지를 판가름하는 기준이된다. 가급적이면 유년시절의 성장 과정은 보다 세밀하게 구성하는편이 좋다. 언제 어디서 어떤 환경에서 태어나 어떤 부모 아래서 자랐는지를 분명히 해주는 일은 인물의 성격을 규정짓는 중요한 단서가 된다. 태어날 때부터 별다른 이유 없이 악당으로 제시되거나, 극단적인 환경에도 불구하고 바보처럼 착하기만 한 인물로 자랐다는식의 설정은 스토리의 자유로운 전개를 방해하기 때문에 삼가야 한다. 그래서 성격을 구성할 때는 환경적 요인에 대한 구성을 치밀하게 해놓아야 나중에 스토리 내에서 갈등의 요소나 행동전환의 근거가 될 수 있다. 히스토리를 구성하는 습관을 키우면 더 이상 어떻게진행될지 빤히 보이는 스토리를 만들지 않을 것이다.

주변 사람들의 실제 성격을 카피하자

인물을 구성하는 과정에서 가장 확실히 해야 할 것은 개성을 살리는 일이다. 만들어진 인물의 개성이 충분히 살아 있지 못하면 아무리 탄탄한 구조를 가진 스토리라 해도 인물과 스토리가 잘 융합되지 않는다. 마치 유화로 만들어진 배경에 흐리멍덩한 수채화용물감으로 인물을 그려 넣은 것처럼, 배경과 인물이 따로 노는 느낌이 들면 작품 전체의 안정감이 떨어진다. 개성은 다른 사람과 구별되는 고유의 특성을 말하는데, 자기가 만들고자 하는 인물을 상상으로만 그려내면 원하는 특성을 제대로 살릴 수가 없다. 상상만으로 만들어낸 캐릭터는 사실감이 떨어질 수밖에 없다. 여러 명의 등장인물을 만들어보면 그 결과를 확실히 알 수 있다. 각각의 인물에 개성이 부여되지 않으면 누가 누구인지 구분도 잘 안 되고, 비슷한 사고방식에 비슷한 성격을 가진 특징 없는 인물들이 어지럽게 늘어놓는 꼴이 된다. 그럼 스토리도 덩달아 희미해지기 마련이다. 한 인물이 어떤 상황에서 어떤 형식으로 반응하는지를 고려하지 않고 무조건 이야기만 진행시키면 얼토당토않은 상황이나 억지스러운 연결이 발생한다는 점을 명심하자.

생동감 넘치면서도 개성 있는 사실적 인물을 만들어낼 수 있는 가장 손쉬운 방법은 자기 주변에 실제로 존재하는 사람의 성격을 그대로 옮겨오는 것이다. 그 사람의 사고방식이나 말, 버릇 등을 면밀히 관찰하고 가상의 인물에 그것을 겹쳐놓는 연습이 필요하다. 그런 연습이 안 되어 있는 초보자들이 만든 캐릭터를 보면 성격과 행동이 일치하지 않는 경우가 많다. 실제로 주변에 있는 인물의 성격을 정확히 꿰고 있다면, 어떤 주어진 상황에서 그 인물이 어떤 방식으로 대처하는가를 고민할 필요가 없어진다. 인물의 성격을 대표할 만한 외모까지도 베껴보는 것이 좋다.

겉으로 드러나는 외형적인 모습은 대개 성격과 불가분의 관계에 있다. 이를테면 고집 세고 자기주장이 강한 인물은 남들이 뭐라고 하든 자기가 좋아하는 옷차림을 고수하는 경우가 많고, 여리고 우유부단한 인물은 타인의 시선에 따라 차림새를 달리하는 경우가 많다. 게다가 연령대가 높은 인물을 설정할 때는 얼굴의 주름이나 헤어스타일까지도 상세하게 만들어놓는 것이 좋다. 세월이 지날수록 성격이 자기 얼굴을 만들어간다는 말을 생각하면 이해가 빠를 것이다.

성격이 다른 두 사람이 나란히 배치할 경우, 성격의 구별은 물론이거니와 배경 자체의 질감도 살려낼 수 있다. 예를 들어 장례식을 연상해보자. 고집 세고 자기 주장이 강한 인물 A는 평상복 차림 그대로 나타나 주변의 눈총에도 아랑곳하지 않고 자신의 솔직한 감정을 표출하고, 여리고 우유부단한 인물 B는 검정색 양복에 말쑥한 차림으로 나타나 정중하게 인사를 하고는 있지만 겉치레뿐인 예를 갖춘다고 하자. 장례식장의 분위기는 두 인물의 성격을 훨씬 입체적으로 드러낼 것이다.

인물의 말투나 사소한 습관도 성격을 나타내는 수단이 된다. 이러한 사항은 시나리오를 작성할 때 특히 많이 나타난다. 예를 들어, 모든 등장인물이 정중하고 기품이 있는 표준어를 사용하면 등장인물들 간의 성격 구분이 어려워진다. 여러 등장인물이 사용하는 말투가 모두 같으면 대사로는 누가 누구인지 구분하기가 어려워진다. 게다가 입체적인 인물을 만들기도 어려워진다. 일상생활에서 벌어지는 수많은 대화들을 눈여겨보자. 사람들은 모두 저마다 자신만의 언어를 활용하고, 고유한 언어습관을 갖고 있다. 실제로 사람들은 자기가 자라온 환경이나 학력, 직업, 연령 등에 따라 말투가 다르고 언어습관 역시 상이하다. 그렇기 때문에 아주 작고 사소한 습관까지도 정확하게 관찰할 수 있는 눈을 갖는 게 중요하다. 그래야 비로소 한 인물의 성격을 온전히 그려낼 수 있다.

등장인물들을 한 세대에 치우치게 만들지 말자

같은 세대만 등장시키지 말자. 자기가 만들어놓은 이야기 속에 등장하는 여러 인물들 사이에 나이차가 별로 없다는 것은 주제를 협소하게 만든다. 초보자가 흔히 범하는 실수인데, 특히 10대에서 20대 사이의 학생들은 학원물을 선호하는 경향을 보인다. 그들이 만들어놓은 스토리를 들여다보면, 주인공은 물론이고 등장인물이 온통 학생인 경우가 허다하다. 물론 주인공이 학생이니까 배경이 학교라는 공간에 치우칠 수밖에 없고, 그런 점에서 어쩔 수 없는 일 아니냐고 말할 수도 있다. 하지만 학생이라고 해서 하루 24시간을 몽땅 학교에서 친구들과 보내는 것은 아니다. 단순히 학생들의 가십거리들로만 채워진 이야기는 단순하고 지루해지기 쉽다. 학교에는 선생님도 있고, 또 학생들에게는 저마다의 생활터전인 집과 가족이 있기 마련이다.

십대들의 풋풋한 로맨스나 과중한 학습 부담에 얽힌 고민, 이유 없는 반항이나 방황만으로는 스토리를 끌고 갈 힘이 부족하다. 이를테면 풋풋한 로맨스를 살려주기 위해서 그 순수함과 비교되는 이해타산적 현실, 즉 어른들의 세계가 그려지면서 순수함과 배치되게 만드는 것이 좋다. 학습에 얽힌 고민과 반항도 마찬가지다. 공부만 강요하는 경쟁과 차별, 학생들을 방황으로 내모는 이율배반적 현실, 이 두 가지를 동시에 드러낼 때 스토리는 보다 깊이 있는 설득력을 갖게 된다. 고등학생이 아닌 20대를 중심으로 스토리를 만들 때도 마찬가지다. 차별성도 없이 무분별하게 등장하는 대학생들, 혹은 20대의 청춘들은 마치 사회와 아무런 연관이 없는 듯 자기들끼리 고민하고, 배회하고, 노력하지만 늘 자기들만의 세계에 머물러 있는 것처럼 보인다. 그런 스토리는 공감대를 형성하기 힘들다. 그들이 고민하고 배회할 만한 충분한 이유로서의 세계, 즉 사회가 보여야 한다. 그리고 그 사회를 대표하는 기성세대가 등장해야 비로소 20대 청춘들이 겪는 고통에 대한 보편적인 공감대가 형성되는 것이다. 또한 같은 연령대만 등장하는 스토리를 반복하다 보면 소재가 고갈되어 더 이상 다른 이야기를 만들어낼 수 없음을 깨닫는 순간이 온다. 늘 거기서 거기인 비슷한 유형의 이야기만 양산하면서도, 자기가 만든 스토리를 지루해하고 좀처럼 공감하지 못하는 사람들에게 자기 세계를 이해하지 못한다는 불평을 늘어놓아서는 안 된다. 창작을 할 때는 상대방에게 이해를 요구하는 게 아니라, 저절로 이해하게끔 만들어야 한다. 따라서 보다 많은 상황, 보다 많은 연령대의 사람들이 이해하고 공감할 수 있도록 다양한 연령대의 인물을 구성하는 습관을 길러야 한다. 특정 세대가 사회 전체를 구성하고 있는 게 아님을 명심하자.

라이벌 없는 인물을 만들지 말자

프로타고니스트protagonist는 이야기를 끌고 나가는 중심인물을 말하며, 안타고니스트antagonist는 그 중심인물이 목표를 향해 나아가는 것을 방해하는 일종의 장애물로 작용하는 인물이다. 주로 적대적인 존재, 또는 꺾어야 할 궁극적인 대상으로 등장한다. 이러한 두 가지 인물의 대립은 스토리에 있어서 갈등을 만들어내는 요소로 작용하고, 극적인 긴장감을 형성하는 데 도움을 준다. 등장인물 사이에 아무런 대립도 없는 스토리는 긴장감을 주기 어렵다. 왜냐하면 주인공이 도달해야 할 목표에 도달하기까지 아무런 장애가 없다면 별다른 무리 없이 전개될 것이 뻔하고, 그럼 궁금증을 유발할 수 없기 때문이다. 쉽게 성취될 수 없는 목표는 손에 땀을 쥐게 만들어 독자가 오래도록 그 스토리에 집중하게 만든다. 그래서 스토리 속에 적대자를 설정해놓는 작업은 아주 중요하다. 때로는 자기 자신이 스스로에 대한 적대자인 경우도 있다. 만들려는 이야기가 현실적인 삶에 기반을 둔 것이 아닌 경우에도 적대자는 꼭 필요하다. 가끔 인간이 아닌 기계나 외계인, 현실에는 존재하지 않는 상상 속의 동물이 적대자가 되기도 한다. 그리고 대재앙이나 재해를 소재로 한 이야기에서는 자연현상 자체가 적대자가 될 수도 있다.

잘 만들어진 이야기는 주인공이 기계와 대항해 싸우든, 외계인과 싸우든, 대재앙이나 재해에 대응하든 간에 그런 일련의 사건들에 함께 대항하는 인간 군상들 속에도 반드시 안타고니스트에 해당하는 인물이 설정되어 있다. 예를 들어보자. 지구를 점령하려는 외계인이 있고 그에 대항하는 사람들이 있다고 하자. 그런데 인간들이 모두 같은 목적에 따라 하나로 똘똘 뭉쳐 주인공과 함께 싸운다면, 그다지 재미가 없을 것이다. 인간에게는 '욕망'이란 속성이 존재한다. 그래서 외계인의 침입을 이용해 사리사욕을 채우려는 사람이 있을 수도 있고, 자기만 살려고 타인의 생명 따위는 신경 쓰지 않는 사람도 있을 수 있다. 또 외계인을 물리치는 목적을 위해 기꺼이 자기 목숨을 희생하는 사람도 있을 수 있다. 이런 인물들이 섞여 있는데 주인공이 목적을 실현하는 일에 아무런 방해도 없어서 목적이 순탄하게만 달성된다면 스토리의 흐름은 늘어지고 재미없을 수밖에 없다.

〈스타쉽 트루퍼스〉라는 영화를 예로 보자. 주인공은 시민의 자격을 얻기 위해 군인이 되어 외계 거대 곤충과 전투를 벌인다. 그리고 다른 등장인물들도 같은 목표로 외계 곤충과 전투를 벌인다. 곤충은 인간이 아니라는 이유로 희생될 뿐이다. 영화는 원작과 많이 다르다. 만약에 곤충이 인간을 멸망시킬 목적으로 지구를 침략해서 직접적으로 인간에게 위협을 가하는 스토리였다면 곤충과의 갈등

관계가 보다 선명하게 드러났을지 모른다. 하지만 영화 속에서 이 외계 생명체는 자신의 행성을 침략한 인간에 대항해 싸울 뿐인데 별다른 이유 없이 제거해야만 할 적대자로 규정되어 있다. 게다가 영화에서는 인간끼리의 갈등이 드러나지 않기 때문에 스토리가 매우 단순하게 전개된다. 만약에 외계의 곤충을 둘러싸고 인간들 사이에 서로의 이익을 위한 다툼이나 또 다른 갈등이 설정되었다면, 결론에 도달하는 과정이 조금 더 흥미로웠을지 모른다. 목표점에 도달하는 과정을 맹숭맹숭하지 않게 만들어주는 게 바로 갈등이다. 그래서 스토리를 이끌어가는 주인공과 맞서 갈등을 일으키는 적대적 인물을 꼭 설정해야 한다.

주인공을 완벽한 엄친아를 만들지 말자

자기가 설정한 인물들 가운데 완벽에 가까운 인물이 있다면, 그 인물은 주인공감으로 적절하지 않다. 전체 스토리를 가장 흥미롭게 끌어갈 수 있는 인물은 어느 정도 허점이나 결함을 갖고 있어야만 한다. 전혀 흔들림 없을 만큼 강인하고 포용력과 매력을 고루 갖추고 있으며, 동시에 지력까지 겸비한 인물이 주인공으로 등장하는 스토리는 안 봐도 뻔하다. 간혹 꽃미남 스타를 주인공으로 등장시켜 허술한 스토리를 숨긴 채 시청률만 높이려는 드라마를 보면 무슨 일이든 뚝딱 해내는, 그야말로 완벽한 주인공이 등장한다. 그런

스토리의 종착점은 허무하다. 어떤 고난이 있다 해도 주인공이 별다른 어려움 없이 종착점에 도달할 게 뻔하기 때문이다. 이처럼 빈약한 스토리가 독자나 시청자를 붙잡아둘 힘이 있을 리 없다. 어딘가 부족한 인물을 주인공으로 내세움으로써 그 인물이 가진 약점 때문에 겪는 고난들이 있고, 그것을 극복해가는 과정을 통해 공감대와 긴장감을 이끌어낸다면 스토리에 대한 몰입도를 훨씬 높일 수 있다.

이를 테면, 대기업의 후계자이면서 학벌도 좋고 능력도 있으며 잘생기고 키도 큰 왕자 스타일의 인물을 만든다면, 대인기피증이나 공황장애 같은 허점을 만들거나 남모를 어린 시절의 트라우마를 설정해놓는 게 좋다. 그래야 그 인물에 대한 호기심이나 동정심을 유발할 수 있다. 지독하게 힘들거나 절대 극복 불가능할 것처럼 보이는 고난에 대항해 끝까지 포기하지 않고 도전하는, 또 그것을 결국 극복해내는 인물을 볼 때 우리는 감동을 느끼기 때문이다.

영웅을 소재로 한 이야기도 마찬가지다. 주인공이 처음부터 불세출의 영웅으로 등장한다면 그냥 악당을 물리치는 액션이나 감상하고 끝이다. 그런데 주인공이 지극히 평범하다 못해 어딘가 부족하고 모자란 부분이 있다고 해보자. 매사에 서툴고 어리석은 주인공이 여러 난관을 헤쳐 나가면서 자신의 약점을 극복하고 서서히 영웅으로 성장해 결국 종착점에 도달했을 때, 감동은 배가되기 마련이다. 진정한 영웅은 어려움을 이겨내고 완성되었을 때 비로소

가치를 갖게 된다. 생각해보자. 영웅이 처음부터 끝까지 영웅이라면, 처음부터 만렙으로 시작하는 게임과 다를 바가 무엇인가? 무적인 캐릭터를 활용하여 얻는 즐거움은 그저 파괴적 희열에 지나지 않는다. 물론 일부 '오덕'이라 일컬어지는 마니아층에서는 그러한 것이 용납되기도 한다. 그런데 그런 오덕들도 결국 자기보다 더 강한 상대를 만나 치열하게 싸우다가 천신만고 끝에 이기기를 바란다. 자기보다 강한 적을 꺾는 과정은 일방적인 파괴보다 더 큰 희열을 주기 때문이다. 그래서 혹시라도 처음부터 완벽하고 무적인 캐릭터가 등장한다면 그 캐릭터는 종국에 가서 자기보다 강한 캐릭터, 즉 엄청나게 꺾기 힘든 끝판왕을 만나야만 한다. 그 끝판왕에게 패배해 몇 번의 좌절을 느끼고 끊임없는 도전과 연구를 통해 비로소 끝판왕을 무찔렀을 때의 성취감을 생각해보자. 짜릿한 스토리를 만들고자 한다면 주인공을 절대 엄친아로 설정해서는 안된다.

실습문제

Q. 캐릭터 네 명을 설정해보자. 미리 스토리를 염두에 두지 말아야 한다는
  점을 반드시 유의해야 한다.

기억에 남는
사건 설정

 인물 설정이 끝나면 사건을 구성해야 한다. 어떤 사건으로 인물들을 엮느냐에 따라 갈등 구조가 결정되고, 이야기의 향방이 결정된다. 그렇기 때문에 사건 또한 스토리텔링의 기본적인 구성 요소이다.

 먼저 심리적 사건과 물리적 사건을 구분할 필요가 있다. 마음의 작용과 의식의 상태를 '심리'라고 한다. 그래서 마음의 작용과 의식의 상태에서 일어난 사건을 심리적 사건이라고 한다. 여러 가지 심리 상태가 있는데, 이러한 심리 상태들은 그 자체로 사건으로 활용되기 어렵다. 물론 감정에 의해 행동이 달라지기는 하지만, 인간의 감정이 직접적으로 외부세계를 변화시키는 것은 아니다. 그보다는 외적인 영향으로 인해 인간의 심적 상태가 변하는 경우가 많다. 따라서 심적 상태와 여기에서 기인하는 '행위'는 구분해야만 한다. 그러므로 기뻐하고, 노여워하고, 슬퍼하고, 두려워하고, 사랑하고, 미워하는 '심리 상태' 자체가 사건은 아니다. 또한 외부의 영향으로 인해 심리 상태가 바뀌었다 해도 사건이 될 수는 없다. 감정에서 유발된 행위가 눈에 보이는 어떤 결과로 이어져야 비로소 사건으로 활용이 가능하다. 즉 사건은 반드시 물리적인 어떤 것으로 귀결되어야 한다.

폭력을 행사는 등 몸을 이용한 모든 활동을 물리적인 사건이라고 한다. 우리가 일상생활에서 흔히 말하는 사건과 사고가 여기에 포함된다. 이것은 다시 자연적인 것과 비자연적인 것으로 나뉜다. 자연적인 사건은 인위적인 조작이 들어가지 않은 것이다. 즉 인간의 힘과 무관한 홍수, 가뭄, 화산폭발, 폭설 등의 자연재해가 여기에 속한다. 비자연적인 사건은 인간의 활동이 관여된 것을 말하며, 전쟁이나 살인, 교통사고, 강도 등이 여기에 속한다. 이런 사건, 사고 같은 물리적인 것들은 심리적인 상태와 달리 확연히 눈에 보이는 것들이다.

초보자들은 사건을 설정하면서 또 한 번 고민을 하게 된다. 어떤 사건을 만들어서 인물들을 엮을까 하는 고민 말이다. 하지만 수많은 고민에도 불구하고 초보자들이 구성하는 사건들은 대체로 사소하고 단순한데다 반복적인 패턴을 가진 것들뿐이다. 이런 현상이 발생하는 이유는 하나다. 초보자들은 대부분 하나의 사건만 만들어놓고 그것으로 모든 캐릭터들을 엮으려 하기 때문이다. 그러나 돌이켜보면 하나의 사건으로 모든 등장인물들을 엮어 스토리를 만들어내는 경우는 많지 않다. 예를 들어, 전투를 소재로 한 스토리가 있다고 하자. 이때 전투라는 사건 하나로 모든 등장인물을 엮는 방법은 하나다. 등장인물이 동일한 전장戰場에 있는 군인으로 한정되는 경우다. 설령 민간인이 있다고 해도 그 민간인 역시 동일한 전장에 있어야 한다. 이렇게 제한된 경우에만 단 하나의 사건, 즉 전투가 전체 등장인물에 다 적용되면서 스토리를 끌어갈 수 있다. 하지만 전투를 소재로 하는 스토리라 할지라도 초지일관, 오로지 전쟁터에서 벌어지는 상황만을 다룬다면 지루하게 느껴지기 쉽다. 그래서 대부분의 전쟁영화들은 전장 안팎의 상황을 동시에 다룸으로써 집중·이완을 반복하며 몰입도와 긴장감을 유지한다.

당신이 절정 고수가 아니라면, 하나의 사건만으로 스토리를 끌고 가서는 안 된다. 크고 작은 여러 가지 사건을 설정하고, 각각의 사건들이 스토리의 각 부분에서 등장인물을 지탱해줄 때 보다 밀도 높은 재미를 유발할 수 있다. 물론 하나의 사건으로 모든 캐릭터를 연결시키기도 힘들다. 그렇지만 여러 가지 사건을 만들어내야 한다는 것도 초보자들에게는 적지 않은 부담이다. 그렇다고 해서 지레 겁먹지 말자. 사건을 여러 개 만드는 일이 생각보다 복잡하고 어려운 작업은 아니다. 사건이라 게 꼭 규모가 크고 이슈가 될 만큼 진지한 것만을 말하는 것은 아니다. 어느 날 잠깐 낮잠을 자다가 꾼

꿈이 사건이 될 수도 있고, 시내 한복판 포장마차에서 거나하게 술을 마시다가 빌딩 숲 사이에서 화장실을 못 찾고 노상방뇨를 하는 것도 사건이 될 수 있다. 그만큼 누구나 한 번쯤 겪어봤을 법한 일상의 사소한 일들이 모두 사건이 될 수 있음을 기억하자.

'물리적인 사건'이어야 한다는 말은 그것이 어떤 심적인 갈등 상태에만 머무르지 않고 어떤 형태로든 외부로 표출되어야 한다는 뜻이다. 겉으로 드러나지 않는 심적인 갈등 요소들이 계속 내재적인 상태로만 남아 있어서는 스토리가 전개되기 힘들다.

등장인물의 인원수만큼 사건을 만들어라

등장인물을 설정했으면 만들어놓은 인원수만큼의 사건을 만들어야 한다. 등장인물마다 각자 사건을 따로 가지고 있어야 한다는 말이다. 그리고 가급적이면 이 사건들은 서로 별개의 내용으로 만드는 것이 좋다. 하나의 사건에 여러 인물들을 엮지 말라는 말이다. 그리고 각각의 인물들은 만들어진 사건의 중심에 있어야 한다. 다시 말해, 한 사건의 서사는 해당 등장인물을 주인공으로 삼아야 한다. 아직 등장인물들 사이의 관계는 설정되지 않은 상태여야 한다. 그렇기 때문에 각각의 사건들도 서로 연결되지 않은 상태다. 혹시라도 처음부터 인물들끼리 사건을 교차시키거나 인과관계로 묶어서 함께 구성하다 보면 어떻게 사건을 통해 인물들을 엮을지, 전체 스토리에 어떻게 배치해야 하나 고민하게 된다.

물론 이 같은 고민은 중요하다. 하지만 초보자가 그런 복합적인 구성을 짜는 작업은 쉬운 일이 아니다. 그렇기 때문에 전혀 다른 이야기를 만들어낸다는 생각으로 인물들을 각각 따로 설정했던 것처럼 사건도 역시 별개로 만들어야 한다. 다시 말하건대, 사건의 규모는 전혀 상관이 없고, 만약에 심리적인 것을 기반으로 해 사건을 구성했다면 반드시 물리적인 상황으로 귀결되게끔 만들어야 한다. 각각의 인물에 어떤 사건을 만들까 고민하다 보면 마땅한 게 떠오르지 않을 때가 있다. 그럴 때는 인물의 히스토리를 만들었던 것을 떠올리면 해결되는 경우가 많다. 히스토리 안에서 그 인물의 대표할 만한 부분을 골라 하나의 사건으로 만들면 되기 때문이다. 만약 히스토리 안에서도 딱히 사건으로 쓸 만한 게 눈에 띄지 않는다면 인물 구성을 다시 해야 한다. 그만큼 해당 인물은 아무런 특징도, 개성도 없는 캐릭터이기 때문이다.

스스로의 인생을 돌이켜보자. 아무리 평범한 삶을 살아왔다고 해도 다들 기억에 남는 특별한 경험이 하나쯤은 있기 마련이다. 물론 특별한 경험 하나 없는 인물로 설정했을 수도 있다. 그러나 그 인물은 주변인물 이상의 역할을 수행할 수 없다. 왜냐하면 그런 인물에게는 이야깃거리가 없기 때문이다. 주요인물이라면 그에 걸맞은 히스토리와 어울리는 성격, 사건이 있어야 한다.

등장인물이 많으면 그만큼 많은 사건들을 만들어야 할 것이고,

적다면 몇 개의 사건이면 충분하다. 그렇게 히스토리를 이용해 만들어진 사건은 분명 서로 아무 관련이 없는 상태여야 한다. 서로의 관계를 무시한 상태에서 인물을 설정했기 때문이다. 만약에 히스토리 내에서 사건을 추렸는데 서로 연관되는 사건들이 있다면 인물을 설정할 때부터 두 인물을 엮어놓고 시작했다는 말이 된다. 그 말은 이미 머릿속에 스토리까지 계산하고 있었다는 뜻이다. 스토리를 계산했다는 말은 처음부터 전체 스토리를 생각한 상태에서 인물을 구성했다는 뜻이고, 머릿속에 이미 이야기의 구성이 다 끝나 있다는 말이 된다. 그런 이야기의 구성은 안 봐도 빤한 형식이 되기 십상이고, 쓰는 도중에 수정과 번복을 거듭하는 일이 늘어난다.

이 책에서 권하는 방식대로 사건을 구성하고 나면 제각각 따로 노는 사건들을 어떻게 스토리 속에 배치시켜야 할까 하는 걱정이 들 것이다. 하지만 아직은 그런 고민을 할 필요가 없다. 일단 어떻게든 각각의 인물에 적어도 하나의 사건을 만들어놓고 분류하는 게 중요하다. 그 사건들을 서로 얽히게끔 만드는 작업은 나중으로 미루면 된다.

서사 중심으로 사건을 구성하자

히스토리를 만들 때도 마찬가지지만, 사건을 구성하는 과정에 대화를 삽입하거나 묘사하는 경우가 빈번하다. 그런데 사건 자체의 구성에 대화나 묘사 따위는 필요 없다. 그런 것들은 모든 구성이 다 끝나고 본격적으로 쓰는, 집필 단계에서 해야 한다. 사건을 구성하는 단계는 아직 기본적인 구성이 끝나지 않은 단계이기 때문에 단순하게 육하원칙을 지키는 선에서 기술하는 것이 좋다. 자기도 모르게 의욕이 넘치고 욕심이 앞서 대화를 넣는 등 사건을 상세히 구성하는 초보자들이 많은데, 기본적 구성 단계에서 대화가 들어가면 사건 자체의 구성이 늘어져 다음 단계로의 진행을 가로막는다.

구성은 소설이나 시나리오 등을 직접적으로 쓰는 단계가 아니다. 구성만 하면 될 부분에서 소설을 쓰듯 늘어지면 다른 구성들은 물론이거니와 그 단계의 구성조차 완결시키지 못하는 경우가 발생한다. 이미 스토리를 만들어내는 일에 익숙하고 숙달된 능력을 가진 사람이 아닌데도 불구하고 처음부터 멋진 표현을 구사하려 드는 건 무모한 욕심이다. 그런 표현들은 반복된 습작 속에서 점점 경험과 연륜이 쌓여 자신만의 문체로 얻어지는 것이다. 그렇기 때문에 초보자는 스토리의 완성을 가장 큰 목표로 삼고 순차적인 기본 작업을 진행하는 데 집중해야 한다. 물론 치밀한 구성과 자세한 내용을 쓰는 것 자체가 나쁜 것은 아니다. 하지만 그 준비 과정을 묘사 중심으로 이끌어가면 그 자체로 하나의 이야기가 된다. 즉 사건을 설정하고 있는 게 아니라, 이미 스토리를 가진 소설을 쓰기 시작했다는 말이다. 그런데 초심자는 그게 불가능하다. 그러니까 사건을 먼저 간략하게 만들고 살을 붙여가는 전략을 쓰는 것이다.

서사 위주의 사건 구성

　　그는 어제의 과음 탓에 아침에 늦게 일어났다. 출근시간이 촉박해 씻는 둥 마는 둥 아침밥도 거르고 서둘러 집을 나섰다. 비가 왔으나 우산도 없이 정류장에 도착한 그는 버스에 올랐다.

　　버스가 갑자기 출발하는 바람에 앉아 있는 사람과 부딪혔다. 버스를 타고 가는 내내 앉아 있던 승객의 짜증을 들었던 그는 회사를 향해 달려가던 도중에 맞은편에서 우산을 들고 걸어오던 한 남자와 또다시 부딪혔다. 우산 모서리에 머리를 찍히고 말았다. 남자와 말다툼 끝에 화가 난 그는 먼저 주먹을 휘둘렀지만 일방적으로 얻어맞았다. 옷도 다 버리고 얼굴도 엉망이 된 그는 출근을 포기하고 집으로 향했다. 다음 날, 회사에 출근한 그는 주먹다짐을 했던 상대가 신입사원으로 앉아 있는 것을 발견했다. 신입사원은 출근길을 미리 확인해두려고 나선 길에 그와 부딪혔던 것이다.

묘사 위주의 사건 구성

그는 온몸이 찌뿌듯했다. 밤새 마신 술로 입은 바짝바짝 타들어가고 혓바닥이 막대기처럼 빳빳해져 갈증이 일었다. 도저히 눈을 뜨기 힘들만큼 몸이 쇳덩이처럼 무겁게 느껴졌다. 그는 아무리 술을 많이 마셔도 또 출근을 해야만 하는 회사원의 운명을 탓하며 억지로 몸을 일으켰다. 그는 곱사등이처럼 냉장고 앞으로 기어가 문을 열고 물을 들이켜기 시작했다. 겨우 갈증을 달랜 그는 시계를 바라보았다. 순간 술이 번뜩 깨는 듯했다. 알람도 울리지 않았는데 벌써 8시 30분. 술기운에 자신도 모르게 알람을 끄고 계속 자버린 것이다. 어쩐지 술을 그리 마셨는데 알람도 없이 눈을 떴다고 생각했다. 다른 사람들은 멀쩡하게 출근을 하는데 같이 술을 마셔놓고 왜 너만 지각을 하느냐고 입가에 거품을 물면서 장황하게 핀잔을 늘어놓던 상사의 얼굴이 떠올랐다. 그렇지 않아도 요즘은 얼굴만 마주치면 없는 꼬투리도 만들어 잔소리를 해대는 통에 웬만하면 피하고 싶은 얼굴. 오늘은 아주 제대로 걸렸구나 싶었다.

미간을 찌푸린 그는 정신없이 옷을 챙겨 입었다. 맘이 급해서인지 자꾸 바지통 밖으로 헛발만 딛고, 셔츠도 허리춤에 넣었는지 어쨌는지 부랴부랴 문을 나섰다. 무작정 달리기 시작했다. 그런데 가는 날이 장날이라고 비까지 내리는 것 아닌가. 다시 우산을 가지러 집에 갔다 올 시간도 없었던 그는 그냥 비를 맞으며 달리기 시작했다. 버스정류장에 도착한 그는 입이 바짝바짝 말랐다. 이미 다들 출근을 했는지 정류장에 사람도 별로 없었다. 그런 데 오라는 버스는 감감무소식, 초조한 마음에 그는 주머니를 뒤적거려 담배를 찾았지만 그나마도 찾을 수 없었다. 얼마나 기다렸을까. 한참이 지난 후에야 도착한 버스에 그는 펄쩍 뛰어올랐다. 지갑을 꺼내 요금을 찍으려는 순간 버스가 출발하면서 그는 중심을 잃고 넘어지면서 앞에 앉아 있던 승객을 깔아뭉갰다. 사과를 하고 버스 안쪽으로 들어간 그는 시선을 창가에 고정한 채 다짐했다. 다음에는 꼭 지하철로 출근할 수 있는 동네로 이사 가고야 말리라.

버스는 출발했고 화가 난 승객은 된통 짜증이 섞인 목소리로 들으라는 듯 계속해서 중얼거렸다. 옷매무새를 고치고 있던 그는 누가 봐도 과음으로 인해 엉망인 얼굴에 늦잠 때문에 우산도 못 챙기고 출근하는 한심한 모습이었다. 겨우 회사 앞에 도착한 그는 마치 상륙작전에 투입된 해병들이 상륙선에서 뛰어내리듯 재빠르게 버스에서 뛰어내렸다. 그리고 회사를 향해 정신없이 달리기 시작했다. 내리치는 비 때문에 얼굴을 제대로 들 수 없던 그는 고개를 숙인 채 서류가방으로 대강 머리 위쪽만 가렸다. 벌써 10시가 다 되어가고 있었다. 그는 걸음을 재촉해 더더욱 속력을 올렸다. 그 순간 무언가 차갑고 예리한 물체가 쏜살같이 그의 이마에 깊숙이 박혔다. "악!" 하고 그는 외마디 비명을 질렀다. 길바닥엔 우산 하나가 굴러 떨어져 뒤집힌 채 비를 맞고 있었다. 반대편에서 걸어오던 한 남자의 우산에 정면으로 이마를 찍히고만 것이다. 바닥에 주저앉은 채 머리를 부여잡고 있는 그의 상태는 아랑곳하지 않고 남자는 자기 우산만 챙겨들고 가려는 게 아닌가. 안 그래도 짜증이 났던 그는 욱하고 욕지기를 내뱉고 말았다.

"이런.. ㅅㅂ"

순간 그 소리를 들은 남자는 멈칫하더니 그를 노려보았다.

"뭐라고?"

"사람을 쳤으면 미안하다는 말이라도 해야지! 예의는 고사하고 어따 대고 반말이야 인마!"

"뭐? 인마? 이걸 그냥…. 좋은 말로 할 때 그냥 가라!"

그는 남자의 반응에 어이가 없었다. 그러면서도 본능적으로 과연 맞짱을 뜰 수 있는 상대인가를 살피고 있었다. 그다지 큰 체격도 아니고, 생김새도 제법 곱상하다고 판단한 그는 목소리에 힘을 주었다.

"너 몇 살이냐? 이걸 그냥 확!"

가능한 한 최대한 무서운 표정을 지어보이면서 가소롭다는 듯 남자의 머리를 손바닥으로 툭 건드렸다. 그런데 남자는 겁을 먹기는커녕 그의 손목을 붙잡아 팽개치면서 주먹을 치켜드는 게 아닌가.

"나이고 뭐고 날씨도 꿀꿀한데 죽는 수가 있다. 진짜 말로 할 때 그냥 가라!"

어차피 이렇게 된 일, 에라 모르겠다는 마음으로 그는 일단 주먹을 휘둘렀다.

빗방울이 쏟아지는 하늘을 바라보며 그는 분한 기운이 가시질 않았다. 바닥에 누운 채 연거푸 한숨을 쉬던 그의 퉁퉁 부은 눈꺼풀 사이로 자꾸 빗물이 스며들었다. 이제 정말 지각은 고사하고 출근도 하기 힘든 몰골이다. 사람을 겉보기로는 알 수 없는 법. 자리에서 일어선 그는 잠시 회사 건물을 쳐다보다가 그냥 발걸음을 돌렸다.

"그냥 집에 가자. 그런데 뭐라고 핑계를 대지?"

비는 점점 더 거세지고 있었다. 집에 돌아가는 내내 그는 사람들의 시선이 민망해 죽는 줄 알았다. 다음 날 아침, 그는 아직 붓기가 가시지 않은 얼굴을 하고 사무실에 들어섰다.

"어이 김 대리, 얼굴이 왜 그 모냥이야! 무슨 일 있어? 아프다고 결근하더니 쌈질이라도 한 거야?"

아니나 다를까 얼굴을 보자마자 태클을 걸어오는 상사에게 딱히 변명거리가 떠오르지 않던 그는 말을 얼버무렸다.

"아뇨.. 저.. 그냥..."

얼굴을 숙이고 사원들의 시선을 피해 서둘러 자신의 책상으로 가려는 순간 그는 낯익은 얼굴과 눈이 마주쳤다.

"어!"

"어!"

상대도 놀랐는지 서로 아무 말도 하지 못하고 입을 쩍 벌리고 있었다. 어제 그에게 비참한 월차를 쓰게 만든 바로 남자였다. 그의 머릿속은 순식간에 팔팔 끓어 넘치는 찌개국물처럼 잡생각들로 부글거렸다. 책상에 앉지도 못하고 얼빠진 사람처럼 멍하니 서 있던 그는 마주친 남자에게서 시선을 떼고 싶었지만, 자석처럼 쩍 달라붙은 시선은 떨어지지 않았다.

"어이, 신입! 인사해, 여긴 김정석 대리. 그리고 저기 저 친구는 오늘부터 새로 근무하게 된 신입사원 박병규 씨."

자꾸 되풀이 되는 고장 난 CD 플레이어처럼 그의 귓가에 상사의 목소리가 들려왔다.

"새로 온다던 신입사원, 신입사원, 신입사원, 신입사, 원, 원, 원…"

머릿속이 하얗게 탈색되고 있는 것 같았다.

묘사 위주의 사건 구성은 소설을 읽고 있는 듯 느껴졌을 것이다. 서사 중심의 글은 사건의 핵심 내용을 간단하게 요약해 분량이 적은 반면, 묘사를 중심으로 한 글은 장황하게 길어진다. 사실, 묘사에 보다 공을 들이면 이보다 훨씬 긴 분량으로 늘이는 것도 가능하다. 하지만 지금 단계는 사건을 구성하는 단계다. 본격적으로 소설을 쓰는 게 아닌 이상 세세한 묘사나 문학적인 표현들을 가미해서 글을 꾸밀 필요는 없다. 다시 말하지만, 세세한 구성이 나쁘다는 게 아니다. 다만 구성 단계에서부터 소설을 쓰듯하면 하나의 인물, 혹은 사건을 구성하기 위해서는 한 편의 소설을 써야 할지도 모른다. 그런 불상사를 피하려면 가급적 '언제, 어디서, 누가, 무엇을, 어떻게, 왜'의 육하원칙에 따라 간략하게 서사 중심의 구성을 하는 게 좋다.

전체 스토리의 핵심이 될 중심 사건을 구성하라

각 캐릭터에 할당된 사건의 구성이 끝났다면 그 사건들과는 별개로 또 하나의 사건을 만들 필요가 있다. 그렇다면 만들어야 할 사건의 수는 등장인물의 수+1이 된다. 만약에 등장인물이 네 명이라면 총 사건의 수는 다섯 개(등장인물의 사건+중심 사건)가 되는 것이다. 캐릭터가 가지고 있는 사건들만 가지고 스토리를 만들 수도 있지만, 개별적으로 설정한 사건을 다시 수정하면 복잡해진다. 그래서 각각의 캐릭터를 한데 묶어줄 공통적인 사건을 만들어 활용하는 게 보다 쉬운 방법이다. 전체 스토리의 축이 될 만한 물리적 사건이 필요하다는 말이다. 앞서와 마찬가지로 가급적 심리적인 요소들은 배제시키는 게 좋다. 심리적 요소는 주로 개인의 내면세계를 드러내는 데 활용되기 때문에, 희대의 살인마의 정신세계라든가 사회적으로 이슈가 될 만한 윤리 문제를 다루는 게 아닌 이상, 보다 넓은 범위로 사건을 확장시키기는 어렵다. 한 캐릭터가 가지고 있는 사건이 전체 스토리의 핵심적 사건이 되는 경우가 아니라고 한다면, 심리적인 것만으로는 여러 등장인물들을 다 엮어내기 어렵다. 물론 경우에 따라서 심리적인 문제가 사건의 중심에 놓일 경우도 있다. 하지만 그런 경우 심리적인 요소가 전체의 스토리의 흐름에 영향을 주는 게 아니라면 활용이 불가능하다.

예를 들어, 누군가 못생긴 외모에 대한 콤플렉스를 갖고 있다고 하자. 외모 콤플렉스 때문에 괴팍한 성격을 갖게 된 인물이 이를 극복하기 위해 노력하다가 모종의 사건을 일으킨다든가, 자기보다 잘생긴 사람들을 해친다든가 하는 방식으로 그 인물의 성격이 소재가 되는 경우에는 다른 인물들까지 하나의 스토리로 묶는 일이 가능하다. 하지만 외모 콤플렉스가 어느 한 인물이 가지고 있는 성격의 한 측면을 보여주는 데 그치면 스토리 전개에 별다른 영향을 주지 못한다. 그래서 가급적이면 심리적인 사건이 아닌 물리적 사건을 통해 스토리의 중심 사건을 설정하는 게 좋다.

등장인물들을 한데 묶어줄 중심 사건을 만드는 작업은 혹시 모를 사건들의 분산을 막기 위한 예비적 단계가 되기도 한다. 인물별로 사건을 만들어놓기는 했는데, 나중에 그 사건들이 별다른 쓸모도 없이 활용되지 않는 일을 막아주는 것이다. 중심 사건의 핵심에는 어떤 등장인물이 자리해도 상관없다. 심지어는 만들어놓은 등장인물들이 그 사건의 범주에 전혀 포함되지 않아도 되고, 사건 자체가 범사회적인 것이라서 그 어떤 누구에게나 해당되는 것이어도 좋다. 더 나아가 이미 만들어놓은 사건들을 새로 만든 중심 사건에 연결시켜도 상관없다. 이미 여러 개의 사건을 만들었기 때문에 그와 연관된 하나의 사건을 더 만들어내는 일은 그다지 어렵지 않을 것이다. 스토리텔링에서 사건의 구성은 스토리가 나아가는 방향을 설정함과 동시에 캐릭터의 역경이 되기도 하고 전체 스토리의 결말로 연결되기도 한다. 그렇다고 해서 독특하고 새로운 것만 생각하려하면 결국 아무 것도 쓰지 못할 수 있다. 주변의 사소한 사건, 사고들을 잘 관찰하고 기록하는 습관을 들이면 큰 도움이 된다.

실습문제

Q. 앞서 만든 캐릭터마다 개별적 사건을 설정해주자.

Q. 중심사건을 설정해보자.

구체적인 배경이
몰입을 만든다

초보자들은 스토리를 구성할 때 동시다발적으로 모든 요소들을 한꺼번에 떠올려 조합하려는 경향이 있다. 하지만 절대로 그 모든 요소들이 한꺼번에 생각 속에서 자연스럽게 정리되지는 않는다. 숙련된 스토리텔러도 그 모든 것을 한꺼번에 처리하지는 않는다. 그래서 생각을 부분적으로 나누어 단계별로 진행시키는 일이 필요하다.

사건을 만들기 위해서는 자신이 만들고 있는 콘텐츠의 장르를 생각해야 한다. 굳이 장르를 정하지 않고서도 얼마든지 이야기를 풀어낼 수 있고, 여러 장르가 섞일 수도 있지만, 장르가 정해야만 스토리의 기본적 배경이 되는 세계를 쉽게 만들 수 있다. 장르의 설정은 영화적인 장르 구분과 비슷하다고 보면 되는데, 일반적으로 할리우드 방식의 구분을 따른다. 장르를 구분하는 데 있어서 가장 중요한 것은 기승전결의 구조이며, 대체로 할리우드 영화들은 철저하게 기승전결의 구조에 맞춰 이야기를 진행시키는 경향이 있다. 반면에 유럽 영화들은 이런 전형적인 구조에서 벗어나 새로운 시도를 하는 것들이 많다. 그래서 할리우드 영화를 상업영화, 유럽 영화를 작가주의 영화나 예술 영화로 구분하곤 했지만, 요즘은 유럽 영화도 할리우드식 상업영화의 구성을 따르는 경우가 많다.

장르의 종류를 보면, 멜로, 호러, 스릴러, 액션, 판타지, SF, 코미디, 미스터리, 추리, 로맨틱, 다큐, 애니메이션 등이 있다. 그리고 이를 기준으로 다시 여러 가지가 결합돼 세부 장르로 나뉜다. 하지만 요즘은 여러 개의 장르가 교묘하게 혼합된 것들이 많기 때문에 실제 장르의 경계를 확정짓기는 어렵다. 이를테면 '미스터리코믹멜로호러액션' 같은 장르가 존재하는 것이다. 그런데도 굳이 장르를 나누는 이유는 비슷한 풍의 영화들을 뭉뚱그려 다른 영화들과 구별짓기 위해서다. 따라서 여러 장르가 혼합되어 있다고 하더라도 어려워할 필요는 없다. 주가 되는 장르를 중심에 놓고 나머지는 취향에 따라 적절히 배합하면 된다.

시대 배경을 설정하라

장르 설정이 끝나면 스토리가 전개될 수 있는 시간적 배경을 설정해야 한다. 사실 시간적 배경과 공간적 배경을 따로 분리시키기는 어렵다. 왜냐하면 우리가 살고 있는 물리적인 세계에서는 시간과 공간이 하나로 묶여 있기 때문이다. 그래서 스토리텔링을 할 때도 시간과 공간을 따로 만들기는 사실상 불가능하다고 말할 수도 있다. 그나마 소설은 시간적 배경과 공간적 배경에 거의 제약을 받지 않는다. 왜냐하면 상상으로 모든 것을 만들어낼 수 있기 때문이다. 하지만 공연물은 시간과 공간의 제약을 받는다. 그래도 이미 만들어진 것을 분석하는 입장에서 보면 얼마든지 시간과 공간을 따로 구분해서 볼 수 있다. 이처럼 분리 분석이 가능하다면 처음부터 그것을 구성할 때 얼마든지 미리 설정할 수도 있다는 말이 된다. 시간은 분절되어 있는 것이 아니라 연속선상에 놓여 있는 개념이지만, 우리는 편의상 일정한 시간의 구분과 단위를 설정해놓고 특정한 날이나 시간을 인식한다.

편의상 시간은 과거, 현재, 미래로 나뉜다. 먼저 과거와 현재, 미래에 대한 기준점을 설정하자. 그것은 스토리가 진행될 전체적인 배경에 대한 그림이 어떻게 펼쳐질 것인가의 기준점이 될 것이다. 이때 우리는 인물의 히스토리를 구성하면서 이미 시간적 개념을 부여해놓았음을 알 수 있다. 히스토리의 중심이 되는 각각의 인물들은 동시대 사람일 수도 있고 다른 시대의 사람일 수도 있다. 그중에서 자기가 다루고 싶은 시대를 시간적 기준으로 삼으면 시간적 배경을 보다 쉽게 설정할 수 있다. 그런데 여기에서 조심해야 할 것이 있다. 시간적 배경이라고 해서 사전적 의미에서의 시간만을 생각하면 안 된다는 점이다. 예를 들어 조선시대를 배경으로 한다면, 당시의 사회상을 작품에 고스란히 드러낼 수 있어야 한다. 이를테면 임금의 화장실과 양반의 화장실과 평민의 화장실이 각각 어떻게 생겼으며 무엇이 다른지도 술술 말할 수 있을 정도로 조사를 철저히 해야 한다. 그만큼 정치, 경제, 사회, 문화, 예술, 종교 등이 해당 시기에 어떤 형태로 전개되고 있는지에 대한 철저한 조사가 필요한 것이다. 이러한 작업이 허술하면 작품 전체의 신빙성이 떨어진다. 그래서 시간적 배경 설정에 필요한 항목들을 구체적으로 정리해볼 필요가 있다. 그 항목과 내용은 다음과 같다.

항목	내용
시대	원시, 고대, 중세, 근대, 현대, 미래 등의 기본적인 흐름 속에서 보다 구체적인 연도 구분까지 설정해야 한다.
정치	시대 구분에 따라 당시의 정치 체제는 어떠했는지를 명시함으로써 당시의 사회적 분위기를 만들어야 한다. 왕정, 전체주의, 전제주의, 민주주의, 사회주의, 공산주의 등등.
인종	해당 국가 구성원의 인종 구성이 어땠는지 설정한다. 특히 판타지 장르는 인종 또는 종족 구성이 필수적인 요소로 작용하기 때문에 명확히 할 필요가 있다.
계급	해당 시기의 국가에 계급 구분이 있다면 어떤 형태로 구분되고 있는지, 그리고 각 계급별 구분 기준과 영향력은 어떠한지 등의 내용을 설정해야 한다.
언어	스토리 전체 배경이 하나의 국가라면 상관이 없지만, 여러 국가가 등장한다면 각각 어떤 언어와 문자를 사용하는지 설정해야 한다.

윤리	질서를 유지하는 윤리적 체계와 덕목이 무엇이었는지, 어떤 계층과 계급에까지 그것이 적용되는지 등을 설정해야 한다.
종교	대표적인 종교가 있다면 무엇이고 어떤 교리를 갖고 있는지 설정하고, 여러 종교가 공존한다면 각각 따로 설정해야 한다.
역사	해당 국가의 설립부터 현재까지의 역사, 그리고 주변국들과의 관계를 설정해야 한다.
경제	어떤 경제 체제를 선택하고 있는지, 화폐와 통용 기준은 무엇인지, 당시의 물가 상황은 어떠했고, 주로 거래되는 것들이 무엇인지 등을 설정한다.
학문	학문적 체계가 있었다면, 어떤 분야의 학문이 왜 발달했는지 설정하고, 교육은 어떤 계급까지 어떤 방식으로 이루어졌는지를 설정해야 한다.
예술	문화와 예술의 발달 정도, 그리고 어떤 형식의 것이 성행했는지, 향유 계층은 어디까지였는지 등을 설정해야 한다.
기타	경우에 따라 더 필요한 부분이 있다면 추가한다.

스토리텔링을 소설 쓰기에 국한시켜 이해하고 있는 사람들, 더 나아가 현재적 현실을 배경으로 한 소설로만 이해하고 있는 사람들은 '뭐 그렇게 세부적인 것들까지 설정할 필요가 있나?' 하는 생각에 조금 의아해할 수도 있다. 하지만 '스토리텔링＝소설'이 아니다. '스토리텔링⊃소설'이라는 점을 꼭 기억하자.

공간적 배경을 설정하라

공간적 배경은 삶에 대한 물리적인 환경들이 세세하게 드러나 있어야 한다. 특히나 시각적인 요소는 스토리텔링에서 아주 중요한 부분이며, 이야기에 입체감을 더해주는 역할을 하기 때문에 그 환경을 마치 눈으로 보는 것처럼 구체적이고 사실적으로 설정해주는 것이 좋다. 특히 시각적 효과가 두드러진 영상물의 스토리텔링에서는 더할 나위 없이 중요한 부분이 된다. 공간적 배경에 대한 세밀한 구성이 없다면 그것을 영상화하는 작업이 원만하게 이루어질 수 없고, 구체적으로 무엇을 어떻게 영상에 담아야 할지 난감한 상황에 빠질 수 있다. 자기가 만들고 있는 이야기가 영화나 드라마, 혹은 웹툰처럼 시각적 표현의 부담이 덜한 소설로 만들어진다고 해도 마찬가지다. 독자들의 상상력을 충분히 자극하기 위해서는 시각적 묘사가 커다란 역할을 하기 때문이다. 독자들은 직접 시각을 통해 배경을 인식하는 게 아니라, 시각적인 묘사에 의존해 상상력을 발휘하기 때문에 묘사가 얼마나 구체적인가에 따라 상상할 수 있는 정도가 달라질 수밖에 없다.

공간적 배경은 시간적 배경과 따로 떨어져 있는 것이 아니라 서로 의존적인 것이기 때문에, 이를 고려해 세부사항을 구체적으로 설정하면 된다. 그런데 초보자들은 대개 구체적인 내용을 생략하는 경우가 많다. 하지만 스토리 자체를 보다 실감나게 만들기 위해서는, 구석구석을 샅샅이 파악하고 있는 내 방처럼, 스토리의 공간 배경도 치밀하고 세밀하게 구성해야 한다.

그곳이 실제로 존재하는 공간이라면, 직접 발로 뛰는 것이 최고다. 그래서 배경이 되는 장소에 대한 지리적 답사는 물론, 그곳 환경까지도 체크해두는 게 좋다. 아는 만큼 보이듯 상상도 아는 만큼 할 수 있다. 예를 들어 괴물이 사는 동굴을 묘사한다고 해보자. 책상머리에 앉아 상상으로만 공간을 구성하려고 하면, 대부분 천편일률적인 것들밖에 나오지 않는다. 직접 경험하지 않은 사람들이 상상하는 것은 편차가 거의 없기 때문이다. 하지만 직접 동굴을 찾아다녀보고 관찰한 사람이 만들어낸 공간이라면 다른 사람들로 하여금 마치 눈앞에서 보고 있는 듯한 착각을 일으킬 수 있다. 그냥 머리로 상상한 것보다 더 구체적이고 세밀한 내용들을 담고 있기 때문이다. 공간적 배경을 구성하기 위한 항목과 내용은 다음과 같다.

항목	내용
지형	간단하게 지도를 생각하면 된다. 자기가 만들고 있는 세계의 전체 지형도를 그린다 생각하고 구성하면 된다.
국가	지도 안에 존재하는 국가들의 지리적 경계, 크기, 인구수, 위치 등에 관한 사항을 설정해야 한다.
도시	국가에 대한 사항보다 좀 더 구체적으로 그 국가의 도시적 구분은 어떻게 되는지, 지리적 구분, 크기, 위치, 인구수 등을 설정해야 한다.
마을	도시보다 작은 단위로서의 마을 구분, 크기, 위치, 인구수 등에 대한 사항을 설정해야 한다.

주거형태	국가, 도시, 마을 단위에 따라 사람들이 살고 있는 주거형태에 대해 구체적으로 설정해야 한다.
생태적 환경	국가, 도시, 마을 단위에 따라 산이나 바다, 숲, 강이나 호수, 혹은 사막 등 등의 생태환경을 구체적으로 설정해야 한다. 예를 들어 어떤 국가에는 어떤 산이 있고, 그 안에는 어떤 나무와 동물들이 주로 살고 있는지, 그리고 기후에 따라 어떤 변화를 갖는지 등을 세부적으로 구성하는 게 좋다.
기타	복식이나 주거, 음식 등 더 필요한 부분이 있다면 추가한다.

실제로 존재하지 않는 상상 속 공간도 마치 실제로 존재하는 것처럼 빈틈없이 구성하기 위해서는 실제로 여러 공간을 체험하고 참고하는 게 좋다. 전혀 없는 것을 상상할 수 있는 사람은 아무도 없다. 다만 이미 보았던 것을 변형하고 조합시켜 새로운 것을 만들어 낼 뿐이다. 누구나 기억력에는 한계가 있다. 그래서 평소 경험한 장소를 세밀하게 묘사하고 정리하는 습관을 갖고, 상상력을 통해 그것을 변형시키는 연습을 해두는 게 좋다.

실습문제

Q. 시간적 배경을 설정해보자.

Q. 공간적 배경을 설정해보자.

3장

플롯
추출하기

플롯을 추출하는 것은 이야기의 진행 순서를 만들고 해당 순서의 내용을 결정하는 일이다. 스토리를 만들 때 가장 중요한 부분에 해당된다. 글쓰기의 고수가 되기 위해서는 플롯 만들기에 익숙해질 때까지 연습을 무한 반복해야 한다.

같은 내용의 이야기라고 해도 그 진행 순서는 다양하게 만들어질 수 있다. 초보자가 쓴 소설을 보면 주인공이 누군가의 전화를 받고 집을 나가는 장면으로 시작되는 경우가 많다. 시간순으로 이야기의 순서를 결정하지 말자. 다른 순서를 몇 번이고 만들고 또 만들어보는 게 좋다. 물론 그 과정이 귀찮고 별 것 아닌 것처럼 여겨질 수도 있지만 내공은 귀찮음을 이겨낼 때 비로소 쌓이는 것이다.

관계도 그리기

관계도는 스토리에 등장하는 캐릭터들이 이야기 속에서 어떻게 엮여 있는지를 한 눈에 알아볼 수 있게끔 도표, 혹은 그림으로 그려 낸 것을 말한다.

다음 페이지의 관계도를 보면, 등장인물들이 서로 어떤 관계로 얽혀 있는가를 보기 쉽게 그려놓았다는 것을 알 수 있다. 그런데 관계도는 이미 만들어진 스토리의 관계를 정리해놓은 느낌이 강하다. 대부분 드라마 홈페이지에서 찾아볼 수 있는 관계도들이 그렇다. 그래서 그림만으로는 전체적인 이야기가 어떻게 진행될지에 대한 구체적인 추측은 불가능하다.

지금 배워야 할 것은 플롯을 만드는 과정이다. 다시 말해 플롯을 만든 후에 관계도를 그리는 게 아니라, 관계도를 그리고 그것을 통

〈밥 잘 사주는 예쁜 누나〉 관계도

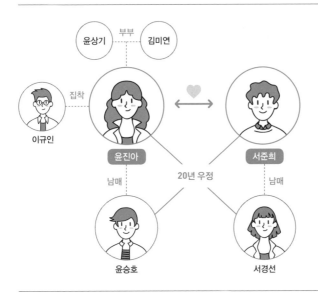

해 플롯을 만든다는 이야기다. 따라서 위의 그림보다 구체적인 내용이 포함되어야 된다.

관계도를 그리는 것은 본격적으로 스토리를 엮기 위한 필수 작업이기 때문에, 인물과 사건의 설정이 끝나 있어야 한다. 앞서 이야기했듯 가장 간단하면서도 명확한 관계를 설정할 수 있는 캐릭터의 수는 4명이다. 그것을 기준으로 예를 들어 보자.

등장인물 간의 관계도

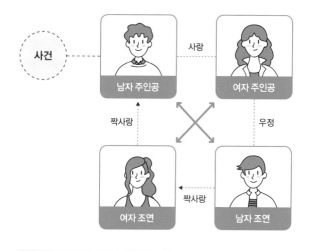

　관계도를 그릴 때, 어느 인물을 어느 위치에 먼저 그려야 할지 고민할 필요는 없다. 위의 그림은 그냥 편의상 직사각형의 형태로 그려졌을 뿐, 그리는 사람에 따라서 원형이 될 수도 직사각형 또는 마름모나 족보 형태의 모양이 될 수도 있다. 등장인물의 수에 따라 형태는 달라진다는 것을 명심하고 가장 보기 쉬운 형태로 만들자.

　일단 등장인물들을 아무렇게나 자기 마음대로 지면 위에 늘어놓자. 그리고 사건을 아무 데나 위치시킨다. 가급적이면 화살표가 겹치지 않게 원 바깥으로 빼서 위치시키는 것이 좋다. 제일 중요한 것은 각각의 인물들, 그리고 사건을 화살표를 통해 연결하는 것이다. 이때 가능한 한 많은 경우의 수가 나올 수 있도록 화살표를 만들어야 한다. 사건이 모든 인물에 연결될 필요는 없다. 하지만 최소한 한 명의 인물은 중심사건과 연결되어 있어야만 한다. 적어도 하나의 인물이 사건과 연결되어 있어야만 간접적으로라도 다른 인물들을 사건과 연결시킬 수 있기 때문이다. 또한 관계도를 그릴 때두 명의 인물이 서로 관계가 있다고 해서 반드시 아는 관계로 설정될 필요는 없다. 서로 아는 관계일 수도 있고, 나는 알고 있는데 상대는 나를 모르는 경우도 있는 것이다. 따라서 화살표의 방향도 쌍방향이 될 수 있고, 일방적 방향이 될 수 있다. 스토리를 만들어가면서 추가적인 인물이 생길 때는 바로 관계도에도 추가시키자. 스

느슨한 관계도와 자세한 관계도

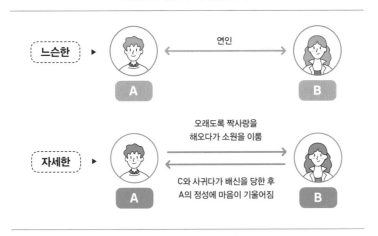

토리를 앉은 자리에서 처음부터 끝까지 모두 짤 수 있는 게 아니기 때문에, 다른 일을 하다가 다시 시작해도 명확하게 관계를 알아볼 수 있도록 하는 것이 좋다. 또 추가사항이 있다면 바로바로 수정을 해놓는 게 좋다.

화살표를 사용할 때는 관계를 나타내는 화살표마다 색을 달리한다든가 모양을 다르게 해서 알아보기 편하게 만드는 게 좋고, 그 위에 단순한 관계를 기록해놓기보다 가급적 구체적인 설명을 덧붙이는 것이 좋다. 예를 들어, A와 B가 사랑하는 사이라면 다음과 같은 형식으로 구체적으로 풀어주는 것이 좋다.

관계도를 그렸으면 이야기의 순서를 만드는 작업을 해야 하는데, 흔히 이것을 '플롯plot을 설정한다'고 말한다. 어떤 스토리를 접하고 나서 줄거리를 말해보라고 하면 누구나 쉽게 이야기를 한다. 하지만 그 스토리의 플롯을 말해보라고 하면 여전히 줄거리를 말하거나 답하지 못하고 우물쭈물한다. 왜냐하면 플롯에 대한 정확한 개념을 알고 있지 못하기 때문이다. 플롯은 하나의 이야기를 만드는 데 굉장히 중요한 개념이다. 어떤 플롯을 갖고 있느냐에 따라 감상하는 사람의 관심도가 달라지며, 같은 이야기라도 새롭게 보일 수도 있다. 따라서 세부적인 구성들을 배치시키는 작업인 플롯에 대한 고민 없이는 훌륭한 작품이 탄생할 수 없다. 플롯을 이해하기 위해서는 플롯의 뜻을 그대로 암기하려는 노력보다 그것이 의미하는 바가 무엇인가를 느끼는 것이 가장 중요하다. 따라서 절대 외우려 하지 말고 이해하려고 노력해야 한다. 그 단계를 넘어서면 비로소 스토리 구성에 대한 부담과 어려움에서 벗어나 진일보할 수 있을 것이다.

'플롯'이라는 개념은 원래 아리스토텔레스가 《시학詩學》에서 사용했던 '미토스mythos'라는 말에서 유래한다. 아리스토텔레스에게 있어서 '비극은 유기적으로 통일된 행위'였다. 그래서 이야기 중 한 부분의 순서를 바꾸어놓거나 다른 곳으로 옮겨놓을 경우, 전체가 엉켜버리거나 재미없어질 정도로 구조적 질서가 잘 짜여 있어야만 한다고 생각했다. 쉽게 말해 있어도 그만, 없어도 그만인 건 반드시 없어야 한다는 말이다. 그러기 위해서는 사건들의 흐름이 인과관계에 따라 결합되어 있어야 했다. 그러나 말하고자 하는 바를 효과적으로 전개하는 방식은 따로 있다.

흔히 '기승전결' 혹은 '발단-전개-위기-절정-결말' 같은 순서를 생각한다. 초보자들은 순차적 틀이 주는 억압감 때문에 플롯을 시간의 순서와 동일한 것인 양 착각하는 경우가 많다. 그래서 전기 형식의 밋밋한 순서를 만들어내는 경우가 허다하다. 하지만 그런 플롯은 긴장감이 떨어져 호기심을 유발하기 어렵다. '기승전결' 혹은 '발단-전개-위기-절정-결말'의 구도는 이미 만들어진 플롯을 분석할 때 사용하는 용어에 불과하다. 시간적 순차에 따라 스토리를 배열해야 한다는 말이 절대 아니다.

스토리의 순서를 배열할 때는 그것을 한 편의 영상물이라고 상상해볼 필요가 있다. 내용 중 가장 먼저 어느 부분을 보이고 중요한 부분을 언제 등장시키는 것이 효과적일지 고민해야 한다. 예를 들어 액션 영화는 사건의 마지막 부분을 전면에 배치시켜 관객들의 호기심을 유발했다가 영화의 후반부에 다시 첫 장면으로 시점을 이동함으로써 문제를 해결하는 경우가 많다. 또 미스터리나 스릴러 영화에서는 범인을 끝내 밝히지 않다가 마지막에 가서야 알려주는 경우가 많다. 이처럼 이야기의 장르에 따라 효과적인 플롯이 분명히 존재한다.

하지만 영화 〈메멘토〉처럼 기발한 구성의 플롯도 존재한다. 〈메멘토〉는 단기기억상실증에 걸린 주인공이 아내를 죽인 살해범을 찾아 복수하는 이야기다. 시간의 흐름을 뒤집어 놓은 플롯으로 단기기억상실이라는 소재를 아주 잘 살려내고 있다. 컬러와 흑백의 화면이 반복적으로 교차하면서 진행되는 이야기에 정방향과 역방향의 시간 흐름을 뒤섞어놓고 사실과 조작된 기억을 번갈아 보여준다. 관객의 입장에서는 이야기가 끝날 때까지 어떤 것이 진실이고 어떤 것이 거짓인지 알 수 없기 때문에 플롯의 효과가 극적으로 발휘된다. 만약 〈메멘토〉의 이야기가 시간의 순서대로 진행되었다면 그리 깊은 인상을 남기지 못했을 것이다. 이처럼 이야기를 어떻게 배치하느냐도 흡입력 있는 스토리를 만드는 데 굉장히 중요하다.

넘버링 작업하기

    대체로 초보자들은 이야기를 구상할 때 플롯까지도 한꺼번에 생각하는 경향이 있다. 하지만 대부분 추상적이고 구체적이지 못한 탓에 두루뭉술하게 머릿속에 떠올렸던 이야기를 무작정 풀어내는 경우가 많다. 이야기 구조의 중요성을 알고 있다고는 해도 구조 자체에 대해 따로 고민하는 일이 익숙하지 않기 때문이다. 게다가 막상 이야기의 구조를 고민한다고 해도 머리로만 생각하는 경우가 대부분이다.

    구체적으로 어떻게 이야기를 배치할지 연습을 해본 경험이 적기 때문에 플롯을 만들라고 하면 대부분 줄거리를 적어낸다. 그러다 보니 이야기의 줄거리는 있는데 플롯은 평범해지기 마련이고, 어쩌다 소재가 비슷하면 똑같은 이야기처럼 보일 수밖에 없다. 그래서 내가 쓴 작품은 왜 어디선가 본 듯하고 평범한데다 재미없게만 느껴질까 하는 고민에 빠지게 된다. 써지지는 않는데 써야만 하는 나도 모를 의무감, 끙끙대며 억지로 이야기를 만들어나갈 때의 고통, 그게 바로 흔히 말하는 '창작의 고통'이다. 그럼 손쉽게 줄거리와 플롯을 만들어내는 방법은 없을까? 물론 창작의 고통을 완전히 벗어날 수 있는 작가는 없겠지만 그 고통을 덜어낼 수 있는 방법은 있다. 이미 있는 것에서 뽑아내면 된다.

플롯을 '추출한다'고 말하는 이유는 이미 앞서 그린 관계도 안에 구성 가능한 플롯이 모두 녹아 있기 때문이다. 관계도를 통해서 수없이 다양한 플롯을 뽑아낼 수 있고, 그중에서 가장 인상적이고 합리적인 것을 선택하면 구체적인 플롯을 설정할 수 있다.

플롯을 추출하기 위해 제일 먼저 해야 할 작업은 관계도 위에 '넘버링numbering'을 하는 일이다. 말 그대로 번호를 붙이는 일이다. 넘버링을 어떻게 하느냐에 따라 하나의 관계도를 가지고도 여러 가지 스타일의 구조를 만들어낼 수 있고, 그 구조의 변화에 따라 같은 이야기도 전혀 다른 이야기처럼 보이게 만들 수 있다. 보통은 장르적 특성에 따라 넘버링을 하는 방법이 달라지며, 해당 장르의 스토리나 영상을 많이 접한 사람들은 금세 일반적으로 통용되는 규칙을 발견할 수 있다.

예를 들어 스릴러 장르의 일반적인 플롯은 보통 두 가지다. 처음부터 범인이 누구인지 관객에게 밝히고 시작하는 방법과 끝까지 범인이 누군지 모르게 숨기고 진행시키는 방법이 그것이다. 하나는 범인을 잡느냐 못 잡느냐고, 또 다른 하나는 범인이 누구냐가 문제의 핵심이다. 이미 알고 있는 범인을 추적해가면서 느끼는 재미와 범인이 누구인지 파헤쳐가는 데서 느끼는 재미가 다르기 때문에 같은 이야기를 놓고 다르게 만들어보는 것도 플롯을 익히는 데 도움이 된다.

그런가 하면 액션물에서는 보통 시각적으로 관객을 사로잡을 수 있는 사건을 첫머리에 배치한다. 그리고 이후에 보다 커다란 사건을 소재로 이야기를 끌어가는 방법이 있고, 어쩌다가 그런 사건이 발생했는지 과거로 돌아가 이야기를 풀어내는 방법도 있다. 여기에서는 또 어떤 사건이 기다리고 있을까와 사건이 왜 터졌으며 어떻게 해결되는지가 문제의 핵심이 된다. 이야기의 구조를 만들면서 그 순서를 정해주는 넘버링 작업은 인물 관계도를 기본으로 시작한다. 일단 관계도에 나와 있는 모든 항목들이 다 넘버링 대상이 될 수 있음을 알아야 한다.

가장 기본적인 넘버링 대상은 화살표다. 사건, 혹은 인물을 향해 그려진 화살표 위에 넘버링을 하여 순서를 만들어가는 것이다. 더불어 각각의 인물 자체 또한 넘버링 대상이 될 수 있다. 왜냐하면 이미 인물을 설정할 때, 히스토리를 만들었기 때문에 그 내용 또한 넘버링에 포함시킬 수 있는 것이다. 그리고 모든 넘버링 대상은 하나 이상의 부분으로 쪼개서 사용될 수 있다.

작가는 자신이 만들어낸 인물의 모든 것을 아는, 전지전능한 신과 같아야 한다. 그게 부족할 땐 인물의 개연성이 망가져버린다. 그런데 막상 히스토리를 꼼꼼하게 만들어놓고 그게 작품의 표면에 드러나지 않을 때는 아깝다는 생각이 들기 마련이다. 염려할 필요 없다. 아까우면 써먹으면 된다.

고민 끝에 순서를 정했는데 스토리를 배열하다 보면 어느 부분은 너무 단순하고 어느 부분은 너무 내용이 많아서 긴장감이 전혀 없거나 호흡이 불안정하게 느껴질 때가 있다. 혹은 모든 것이 너무 우연적으로 보여 억지스럽다는 생각이 들 때도 있다. 그럴 때는 캐릭터별 히스토리를 떠올리자. 스토리의 진행이 너무 단조롭다고 여겨질 만큼 분량이 적은 부분이 있다면, 그 진행과 연결된 등장인물의 히스토리를 끼워넣으면 된다. 히스토리를 통해 인물의 성격이나 행동방식을 보여줌으로써 분량을 보충하거나 사건의 원인이 될 만한 필연성이나 개연성을 제공하는 것이 좋다.

어느 한 인물의 히스토리만을 사용해도 괜찮고 모든 인물의 히스토리를 다 활용해도 좋다. 다만 여러 인물의 히스토리가 사용된다면 배열에 순서를 정하는 작업이 필요하다. 이미 만들어진 플롯 안에서 어떤 캐릭터의 히스토리가 먼저 등장해야 효과적일 것인지 따져보고 적당한 순서를 정하면 된다.

플롯을 추출하고 만들어진 순서에 따라 내용을 연결했음에도 불구하고 그 분량이 적다고 느껴지거나 만들어놓은 사건의 수가 충분치 않다고 느껴진다면 기존의 사건을 분할하거나 재활용하면 된다.

하나의 사건을 여러 조각으로 쪼개 군데군데 배치해 지속적으로 활용하는 경우가 있다. 전쟁 영화에서 이와 같은 기법을 자주 사용한다. 전투가 진행되는 상황에서 잠시 다른 장면이나 스토리로 넘어가 비전투 지역의 상황을 보여주거나 과거를 회상했다가 다시 전투 지역의 상황을 보여주고, 또 다시 비전투의 상황을 보여주다가 전투 장면으로 다시 되돌아오는 스토리를 본 적이 있을 것이다. 이처럼 하나의 사건이나 상황이 여러 조각으로 분할되는 경우 외에도 똑같은 사건이나 상황을 재차 시점만 바꾸어 재등장시키는 경우도 있다. 그렇게 되면 동일한 것이라고 해도 다른 캐릭터의 시점에서 경험된다는 점에서 다른 사건처럼 여겨져 새로운 이야기처럼 느껴질 수가 있다.

플롯 추출과
내용정리

　다음 관계도는 편의상 최대한 단순하게 그려본 것이다. 인물의 수나 연결 방식에 따라 훨씬 더 복잡하고 섬세한 그림이 나올 수도 있다. 먼저 사건을 중심으로 인물들을 연결한다. 그리고 등장인물들의 관계를 생각해보고 각각의 인물과 사건에 넘버링을 하면 된다. 어떤 것이 가장 먼저 오고 어떤 것이 나중으로 배치될지에 대한 넘버링이 끝나면 그것이 바로 플롯의 뼈대가 된다. 위의 관계도에 붙여진 번호의 순서를 따라가다 보면 스토리의 순서가 정해진다. 넘버링 설명에 대한 설명은 다음과 같다.

　남자 주인공과 여자 조연의 관계가 1번으로 설정되면 여자 주인공이 남자 주인공을 사랑하기 전에 먼저 여자 조연이 남자 주인공을 사랑한 셈이 된다. 하지만 1번의 관계는 짝사랑이니까 두 사람

인물 넘버링

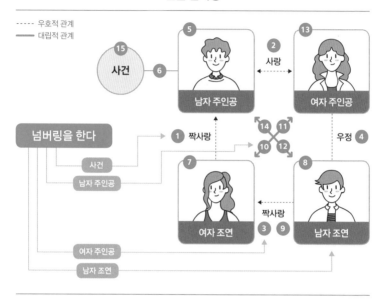

----- 우호적 관계
───── 대립적 관계

15 사건 — 6 — 5 남자 주인공

2 사랑

13 여자 주인공

넘버링을 한다

사건

남자 주인공

1 짝사랑

14 11
10 12

우정 4

7 여자 조연

8 남자 조연

짝사랑

3 9

여자 주인공

남자 조연

의 이야기는 여자 조연의 짝사랑으로 시작하는 것이다. 각각의 인물에 넘버링이 되어 있는데, 그 순서에는 해당 인물의 히스토리를 이야기에 삽입하는 것이다. 사건과 인물의 관계에 해당되는 번호의 순서는 이전에 설명했듯이 반드시 모든 인물에게 필요한 설정은 아니다. 하지만 반드시 1명 이상은 사건과 연결되어 있어야 하고 그 부분에 대한 넘버링이 필요하다.

위 그림에서 3과 9, 두 개의 숫자를 보자. 이것은 하나의 화살표를 둘로 쪼개서 활용한 것을 나타낸다. 즉 3번째 순서에서 그 화살표에 해당하는 내용의 절반을 끼워넣고, 9번째 순서에서 다시 나머지 절반의 내용을 끼워넣는 것이다. 이런 식으로 다른 모든 부분도 얼마든지 몇 개의 조각으로 쪼개서 사용할 수 있다.

위의 관계도에는 동성 사이의 관계가 나타나 있지 않은데, 남자 주인공과 남자 조연, 여자 주인공과 여자 조연 사이의 관계에 해당하는 화살표도 얼마든지 그려넣고 넘버링을 할 수 있다.

다들 영화나 드라마를 보다가 지루하다고 느낀 적이 있을 것이다. 그리고 다음 스토리가 어떻게 진행될지 보고 싶은데 쓸데없는 부분을 설명하거나 이야기가 늘어져 짜증을 낸 적이 있을지도 모르겠다. 이런 일이 발생하는 첫 번째 이유는 인상적이거나 긴장감 있는 플롯을 구성하지 못했기 때문이다. 그리고 두 번째 이유는 각 단위의 사건들의 시간 배분이 잘못되어 발생하는 일이다. 넘버링을 할 수 있는 경우의 수가 너무나도 많기 때문에 다각도로 재차 시도해봐야 하고, 선택된 넘버링의 부분마다 알맞은 분량의 내용이 전개되어야 한다. 어느 한 부분이 지나치게 길거나 짧아도 안 되고, 내용에 맞는 적절한 분량 조절이 필요하다.

넘버링을 통해 순서를 만들었다면 그 순서의 내용을 따로 정리해야 한다. 관계도를 그리고 번호를 적어놓았다고 해서 끝나는 것이 아니다. 물론 관계도를 보면 순서는 알 수 있지만, 보다 알기 쉽게 번호의 순서에 따라 스토리의 내용을 정리해놓아야 한다. 예로 든 관계도의 내용을 정리해보면 다음과 같다.

위의 예를 보고 '~하는 이야기'라는 식으로 똑같이 따라할 수도 있지만 여기에 머물러서는 안 된다. 실제로 정리를 할 때는 단순히 한 줄로 정리하지 말고, 거기에 해당하는 줄거리를 세부적으로 요약해 적어두어야 한다. 가급적이면 구체적인 줄거리를 풀어놓아야 본격적인 살붙이기 작업에 도움이 되기 때문이다.

그리고 예로 들었던 관계도의 넘버링은 어디까지나 편의를 위해 임의로 잡아본 것에 불과하다. 즉 실전에서는 여러 경우의 순서를 조합해보고 선택해야 한다. 또한 예시로 제시된 그림에서는 남자와 남자, 여자와 여자 간의 관계는 설정되지 않았기 때문에 넘버링 수는 얼마든지 더 늘릴 수 있다. 게다가 사건이 특정 인물에만 얽혀 있는 게 아니라면 사건 자체도 넘버링 대상이 될 수 있다.

아무튼 내용을 정리해놓고 보면 다시 수정해야 할 부분이 반드시 생긴다. 그래서 보다 효과적인 플롯을 만들어내기 위해서는 재차 확인에 확인을 하는 작업이 필요하다. 확인 작업에 있어서 가장 중요한 점은 한 단계에서 다음 단계로 넘어가는 과정에서 적절한 인과관계를 맺고 있는지를 살펴보는 일이다. 특히 자신이 알아볼 수 있다고 해서 남들도 다 알아볼 것이라고 안일하게 생각해서는 안 된다. 스토리의 전개 순서를 만든 사람은 이미 내용을 알고 때문에 쉽게 이해할 수 있겠지만, 처음 스토리를 접하는 사람은 그렇지 않다. 따라서 만들어진 순서를 이해하는 데 어려움이 없게끔 각 단계마다 생략이나 비약이 없는지 꼭 체크해야 한다.

인물 넘버링

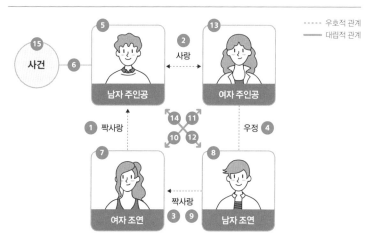

----- 우호적 관계
——— 대립적 관계

1	여자 조연이 남자 주인공을 짝사랑하는 이야기
2	남자 주인공과 여자 주인공이 서로 사랑하는 이야기
3	남자 조연이 여자 조연을 짝사랑하는 이야기
4	여자 주인공이 남자 조연과 나누는 우정 이야기
5	남자 주인공의 히스토리
6	남자 주인공과 사건에 관계된 이야기
7	여자 조연의 히스토리
8	남자 조연의 히스토리
9	여자 조연이 남자 조연을 만난 이야기
10	여자 주인공이 여자 조연을 알게 된 이야기
11	여자 조연이 여자 주인공을 미워하는 이야기
12	남자 주인공이 남자 조연과 다투는 이야기
13	여자 주인공의 히스토리
14	남자 조연이 남자 주인공을 미워하는 이야기
15	사건의 시작부터 끝까지 진행되는 메인 이야기

플롯 구성할 때
이건 반드시 지키자

　끝까지 긴장감을 유지시켜야 한다. 긴장감을 유지하기 위해서는 주인공과 대립하는 인물의 갈등이 꾸준히 유지되어야 한다. 어떤 이유로 두 인물이 대립하게 되었는지에 대한 이유가 명백해야 긴장감은 고조된다. 그리고 스토리가 진행될수록 그 이유가 서서히 드러나는 형태가 좋다. 물론, 누가 봐도 뻔한 이유는 오히려 긴장감을 떨어뜨리는 요소가 된다. 그렇기 때문에 두 인물의 관계를 어떤 루트를 통해 풀어내야 보다 긴장감이 배가되는지 관계도를 통해 순서를 계속 바꿔보는 게 중요하다. 그리고 주인공과 대립하는 인물의 무게감 역시 주인공 못지않은 비중을 갖게끔 해야 한다. 가끔 대립자의 분량이 적어서 도대체 왜 주인공을 괴롭히고 못살게 구는지 알 수 없는 경우가 있다. 그러면 대립자뿐만 아니라 주인공까지 캐릭터를 망치게 된다. 그래서 어느 한 쪽에 치우지지 않는 팽팽한 관계 하에서 긴장감을 유지시킬 수 있는 순서를 잡아야 한다. 그리고 여러 등장인물이 등장하는, 주인공이 여럿인 경우의 스토리에서는 전형적인 인물을 축으로 순서를 짜면 안 된다. 거의 모든 개별적 플롯에서 보면 이야기를 풀어가는 인물은 반드시 한 명 이상이다. 처음부터 끝까지, 혹은 태어나서 죽을 때까지 쉽게 예측되는 전형적인 인물이 스토리의 전면에 등장해 흐름을 이끌어 간다면 이후 진행이 너무 쉽게 예측된다. 따라서 반드시 보다 역동적이고 변화무쌍한 인물을 전면에 내세워 흐름을 주도하게끔 하는 것이 효과적이다.

예를 들어 영화 〈어벤져스〉를 보면, 전형적인 인물로 캡틴 아메리카가 등장한다. 늘 정의롭고 도덕적인, 그야말로 '바른생활 사나이'의 모습을 한 캡틴 아메리카를 전면에 내세우기보다는, 경우에 따라서 이기적이면서도 유머러스하고 인간적인 면모가 도드라지는 아이언맨을 내세워 이야기의 흐름을 진행시키는 게 훨씬 더 효과적이라는 말이다. 또 각각의 인물이 가지고 있는 개별적인 사건들을 중심사건과 연결시키는 게 좋다. 인물이 가지고 있는 각각의 사건들이 별개의 것으로 따로 놀면 스토리가 분산되기 마련이다. 그럼 누가 스토리의 중심에 있는지 알 수 없어진다. 각각의 플롯에 등장하는 사건이 따로 놀면 스토리에 대한 집중력이 떨어져 긴장감을 형성하기 어렵다. 예를 들어, 〈로스트〉처럼 여러 인물이 등장하는 드라마는 많은 인물이 등장하는 만큼 각 플롯마다 다양한 사건들이 배치되어 있다. 그런데 그 다양한 사건들이 각자 따로 노는 전혀 다른 게 아니라, 섬을 둘러싼 의문의 사건들과 모두 연결됨으로써 많은 인물들의 이야기를 한군데로 모아주는 힘을 갖게 되는 것이다. 부분을 이루고 있는 플롯의 작은 사건들이 중심 사건과 연결되느냐 마느냐의 문제는 작품 자체의 완성도와 직결된다. 가끔 시청률이 잘 나오는 드라마가 분량을 늘이기 위한 수단으로 중심사건과 연결되지 않는 몇몇의 플롯을 추가해 전체 스토리의 진행이 느려지거나 지루해지는 경우가 있다. 한 번 인기를 얻기 시작한 작품이 원래의 완성도와는 상관없이 수익을 더 얻기 위한 편법에 희생되는 경우, 그런 일이 종종 발생하는데 지양해야 한다.

마지막으로 스토리에서 결정적이고 중요한 단서를 처음에 배치하는 것이 좋다. 그리고 스쳐지나가듯 가볍게 다루고 넘어간다. 이러한 배치는 일종의 복선을 까는 작업인데, 별것 아닌 것처럼 살짝 보여주고 지나가되, 절대로 모든 걸 다 드러내지 않는 형식을 취해야 한다. 상세히 설명하고 시작하는 것은 복선으로서 아무런 효과를 얻을 수 없다. 처음부터 드러내놓고 그것이 나중에 매우 중요한 역할을 할 것처럼 보여주면 어떻게 반전이나 극적인 효과를 기대할 수 있겠는가? 처음에는 아무 것도 아닌 것처럼 별생각 없이 지나가게끔 만들어놓고, 나중에 결말 부분에서 그것이 아주 중요한 것이었음을 알아차리게끔 만드는 것이 중요하다. 그래서 넘버링을 할 때 화살표를 쪼개서 활용하는 게 포인트다. 특히 미스터리나 스릴러를 구성할 때, 클라이맥스 부분에서 사용될 결정적인 단서나 무기들을 처음부터 극대화해 강조하면 이야기가 빤해진다. 처음에는 사소하게 여기고 넘어갔던 것들이 나중의 결과에 매우 중대한 영향을 끼치는 것이었다는 걸 깨달았을 때 극적인 효과는 배가될 수 있음을 기억하자.

실습문제

Q. 앞서 만들어 놓았던 캐릭터와 사건을 이용해 관계도를 그려보자.

----- 우호적 관계
———— 적대적 관계

Q. 관계도 위에 넘버링을 해보자.


```
┌─────────┐        ┌─────────┐
│         │        │    ,    │
│         │        │         │
│         │        │         │
│▒▒▒▒▒▒▒▒▒│        │▒▒▒▒▒▒▒▒▒│
└─────────┘        └─────────┘


┌─────────┐        ┌─────────┐
│         │        │         │
│         │        │         │       ----- 우호적 관계
│         │        │         │       ───── 적대적 관계
│▒▒▒▒▒▒▒▒▒│        │▒▒▒▒▒▒▒▒▒│
└─────────┘        └─────────┘
```

Q. 넘버링을 하고 플롯의 순서를 잡았으면 해당 순서대로 내용을 정리해
보자.

4장

스토리텔링
살 붙이기

플롯을 만든 이후, 그 대강의 줄거리를 본격적으로 세세하게 다듬는 작업이다. 이미 만들어진 플롯에 살을 붙이면 그것이 서서히 제 모습을 갖추고 작품이 된다. 이때 어떻게 살을 붙이느냐에 따라서 완성된 스토리가 소설이 될 수도 있고, 영화나 드라마 그 외의 다른 것도 될 수 있다. 자신이 원하는 장르에 따라 살을 붙이는 과정이 정해진다. 이미 만들어진 스토리의 플롯은 다양한 장르로 변주될 수 있다.

소설은
발로 쓴다

스토리를 만들고자 하는 사람들이 가장 많이 도전하는 분야가 소설이다. 이제부터 다룰 플롯을 구성하는 방법은 누구나 손쉽게 소설을 쓸 수 있게 만들어주는 하나의 길이 될 것이다. 물론 소설을 쓰기 위해서는 표현 연습을 죽도록 해야 한다. 대부분의 초보자들에게서 발견되는 문제점은 서사는 있으되 표현이 단조롭다는 것이다. 자기가 만들어낸 이야기에 혼자 빠져 스토리를 진행시키는 일에만 몰두하다 보니, 표현의 문제를 소홀히 다루는 우를 범한다. 어찌 보면 지극히 정상적인 일이다. 자기가 쓰고 있는 이야기가 얼마나 밀도 있게 표현되고 있는지는 신경 쓰지 않고, 다음 부분에 진행될 이야기를 생각하면서 성급하게 속도를 높이는 일이 빈번하기 때문이다. 그러니 스토리를 빨리 끌고 가고자 하는 욕심을 버리고 천천히 현재의 부분에 모든 신경을 집중해야 한다.

반면 치밀한 묘사를 하겠다는 생각이 강해서 하나의 상황에 너무 많은 분량을 허비하는 경우도 있다. 물론 그 부분이 전체 플롯에서 그만큼 긴 분량을 필요로 하는 중요한 대목이라면 괜찮다. 하지만 크게 중요하지 않은 부분의 이야기를 길게 늘여 속도감을 떨어뜨리면 안 된다. 특히 '~한다' 식의 현재형 종결어미를 계속 사용하다 보면 그 부분의 진행이 마치 실시간 현장중계처럼 길어질 수밖에 없다. 그러다 보면 자연스럽게 전체의 분량이 무한정 늘어날 수밖에 없고 제풀에 지쳐 떨어져 나가게 된다. 아니면, 다른 부분과의 분량 배분이 맞지 않아서 쓸데없는 부분이 길어지고 정작 필요한 부분은 날림으로 작성되는 경우가 생긴다.

자기가 만든 이야기에 빠져들어 글을 쓰기 시작할 때 가장 신경 써야 할 것은 과연 다른 사람도 재미있게 볼 수 있는가를 생각하는 일이다. 내가 '삘'이 꽂혔다고 해서 다른 사람들도 그럴 것이라는 착각은 하지 않는 게 좋다.

하나의 이야기가 소설로 탄생되기 위해서는 자신만의 문체가 필요하다. 무턱대고 이야기만 풀어낸다고 해서 재미있게 읽히는 소설은 없다. 똑같은 이야기도 누가 하느냐에 따라서 재미가 있고 없고가 달라지는 것처럼, 똑같은 내용의 글도 문체가 어떤가에 따라 전혀 다르게 느껴질 수 있음을 명심하자. 늘어지지 않고 이야기가 꾸준하게 진행되는데도 재미없는 소설은 대부분 문체가 밋밋하기 때문이다. 드라마나 영화를 보는데 배우들이 마치 뉴스를 읽듯 대사를 한다면 얼마나 재미없을지 상상할 수 있을 것이다.

그렇다고 해서 처음부터 수려하고 독특한 문체를 개발하기 위해 표현에만 치중해서 문장을 길게 쓰는 것도 바람직하지 않다. 쓸데없는 관형구를 집어넣다가 한 문장이 한 단락이 되는 경우도 적지 않다. 가급적이면 짧고 명확한 문장을 써서 읽는 사람에게 정확한 의미를 전달하는 게 최고의 글쓰기다.

글쓰기는 자기 자신과의 싸움이다. 열심히 소설을 쓰다가 제풀에 지쳐 포기하는 일이 없도록 끈기를 가지고 마무리하는 버릇을 들여야 한다. 스토리텔링은 그것이 어떤 분야에 적용되든지 완성이 되지 않으면 아무런 쓸모가 없다. 그렇기 때문에 본인이 서툰 문체를 가지고 있고, 또 그것이 별로 마음에 안 든다고 하더라도 이야기를 완성시킨다는 전제 하에 마무리를 확실히 하는 연습을 반복해야 한다.

마지막으로, 소설이라고 해서 무턱대고 모니터 앞에 앉아 오로지 상상만으로 쓰겠다는 무모한 생각은 버려야 한다. 스토리텔링의 단계에 따라서 주제와 소재의 설정이 끝나고, 캐릭터 구성과 관계도의 구성을 통해 플롯이 나왔다고 해서 바로 쓰는 단계로 넘어가도 좋다는 말이 아니다. 상상력이 아무리 뛰어난 사람도 모든 것을 상상으로 해결할 수는 없다. 이때 필요한 것이 자료 조사다. 자기가 만들 이야기에 필요한 모든 자료를 낱낱이 조사하고 수집해야 하며, 필요에 따라서는 현장답사까지 마친 후에야 비로소 작업을 시작하는 것이다. 자료조사가 충분히 이루어지지 않은 상태에서 만들어진 작품은 해당 분야에서 일하는 사람들에게 욕먹는 경우가 비일비재하다. 그렇기 때문에 방안에 죽치고 앉아서 꾸준히 글만 쓰면 소설이 완성되겠지 하는 안일한 생각은 버려야 한다. 경우에 따라서는 전문적 지식을 쌓기 위해 공부도 해야 하고, 여러 사람을 만나 취재도 해야 하며, 현장에 가서 사진도 찍어야 한다. 글쓰기야말로 많은 현장 작업이 필요한 일이다.

실습문제

Q. 만들어놓은 플롯을 소설 형식으로 살을 붙여보자.

시놉시스는
어떻게 쓰는 건데?

시놉시스는 작가가 자신의 작품을 다른 사람에게 알리고 설명하기 위해, 혹은 어필을 하기 위해 만들어놓은 간략한 요약물이다. 드라마나 시나리오 공모전을 한 번이라도 관심 있게 살펴본 사람이라면 제출해야 될 항목 중에 반드시 시놉시스가 포함되어 있음을 알 것이다. 하지만 시놉시스를 도대체 어떻게 써야 할지 몰라서 난감해하는 경우가 많다. 실제로 시놉시스에 대한 정해진 틀 자체가 없기 때문이다. 따라서 자신의 작품을 보다 알기 쉽게 잘 설명하고 특징이나 장점을 부각시켜 타인에게 설득력 있게 보이는 것이 제일 중요하다.

그리고 다음과 같이 육하원칙에 해당되는 내용이 들어가게끔 작성하는 게 좋다.

누가	핵심 인물이 누구인지를 설명해야 한다.
언제	시간적 배경을 설명해야 한다.
어디서	공간적 배경을 설명해야 한다.
무엇을	사건이나 갈등이 무엇인지를 설명해야 한다.
왜	사건이나 갈등이 발생한 이유를 설명해야 한다.
어떻게	사건이나 갈등이 해결되는 방법을 설명해야 한다.

시놉시스는 상황에 따라 작품을 완성한 후에 작성할 수도 있고, 작품을 만들기 전에 완성할 수도 있다. 공모전의 경우에는 작품을 완성한 후에 시놉시스 정리를 하는 것이 더 효과적이다. 하지만 이른바 투자 등의 지원을 받아 작품을 제작하는 영화나 드라마의 경우에는 시놉시스를 먼저 작성하는 게 대부분이다. 그래서 시놉시스는 의사전달이 잘 이루어질 수 있도록 명료하게 작성해야 한다. 시놉시스는 보통 '주제', '기획 및 집필의도', '등장인물', '전체 줄거리'를 반드시 포함하게끔 하고 있다.

하지만 시놉시스의 구성 요소들을 알고 있다고 해도 실제로 작성하기는 결코 쉽지 않다. 주제를 쓸 때는 '가족애, 우정, 사랑' 등의 낱말을 사용해서 너무 짧게 쓰는 건 좋지 않다. 가급적이면 '가난한 집안의 여자와 재벌 2세 남자와의 이루어질 수 없는 비극적 사랑'과 같이 구체적으로 풀어주는 게 좋다. 그리고 더 설명할 것이 있다면, 기획의도 부분에서 주제에 대한 철학적 근거나 재고할 만한 가치와 같은 것을 명확히 밝히는 것이 좋다. 그리고 줄거리를 쓸 때 초보자들이 많이 범하는 실수가 있는데, DVD 케이스의 뒷면에 나온 설명이나 영화 팜플렛에 있는 홍보용 글을 시놉시스라고 생각해서 "그리하여 사건은 더욱 더 꼬여만 가는데…" 식의 생략형 표현을 써서 설명하는 경우가 그것이다. 반드시 기억하도록 하자. 그런 형태의 글은 시놉시스가 아니다. DVD 뒷면에 나온 줄거리는 영화를 홍보하기 위한 글이다. 이야기를 다 알려주지 않고 생략해버림으로써 소비자의 호기심을 자극하기 위한 마케팅의 일환인 것이다.

이야기를 숨겨 약을 올리는 게 목적이 아닌 이상, 시놉시스에는 내용이 완전히 드러나 있어야 한다. 왜냐하면 시놉시스는 관객을 위한 글이 아니라 투자자나 제작자를 위한 글이다. 그렇기 때문에 문장 또한 명확해야 한다. 맞춤법이 틀린다거나 비문이 섞여 있으면 전달하고자 하는 내용이 불투명해지고, 스토리 자체가 엉망으로 보일 수 있다. 기본적인 글조차 쓰지 못하는 사람이 쓴 작품에 누가 투자를 하겠는가. 적어도 시놉시스에서는 글을 쓰는 기본기를 반드시 지키도록 하자. 다음은 공모전을 위해 시놉시스를 구성한 실제 사례다.

다음의 사례를 보면 알 수 있듯 전체 내용을 잘 알 수 있게끔 줄거리를 생략하지 말고 처음부터 끝까지 정리해주어야 한다.

구분		내용
제목		섬바위 이야기
기획 의도		네 개의 섬을 각각 따로 다루는 것이 아니라 하나로 묶어내는 기획이다. 구체적으로 백령도 코끼리바위, 연평도 얼굴바위, 이작도 손가락바위, 덕적도 곰바위를 하나의 이야기 안에서 풀어낸다. 궁극적으로는 한 개의 스토리라인을 따라 네 개의 바위를 하나의 고리로 엮어 많은 사람들에게 이 섬들을 하나의 연계 관광 코스로 만드는 것이 주된 목적이다. 어느 하나의 섬만을 둘러보고 마는 것이 아니라, 바위에 얽힌 재미있는 이야기를 따라 다른 여러 섬들까지 함께 방문하고 싶어지게끔 하려 했다.
주제		다문화사회로 향하는 과정에서 빚어지는 갈등은 결국 자기반성을 통한 포용과 화합으로 하나가 될 때 해소가 되며, 보다 행복한 사회를 만들어낼 수 있다.
등장 인물 소개	하제	남자 주인공으로 삼랑성을 지은 단군의 아들인 부루의 후손이며, 연평도 얼굴바위의 전신이 되는 인물이다. 족장의 아들 마루와는 둘도 없는 친구 사이다. 웅족 출신의 나르샤와 결혼을 통해 부족 간의 화합을 이끄는 연결고리 역할을 하고 제사장을 따른다. 하지만 족장의 배타적인 태도와 권력에 대한 탐욕으로 인해 아내와 헤어지는 운명을 맞이한다.
	나르샤	여자 주인공으로 웅족 출신이며, 덕적도 곰바위의 전신이 된다. 고조선의 멸망과 함께 강화도로 이주한다. 우여곡절 끝에 하제와 사랑을 하여 결혼에 이르지만 족장의 계략으로 하제와 다시는 만나지 못하는 슬픈 운명이다.
	마루	하제와 나르샤만큼 비중이 큰 인물이다. 부루족 족장의 아들이며, 하제와는 둘도 없는 친구 사이다. 나르샤를 짝사랑하지만 아버지 때문에 본의 아니게 하제 부부를 갈라놓는 역할을 한다. 그러나 아버지로부터 나르샤를 지키려다 죽음을 맞이한다.
	족장	상족의 후손이지만 부루족 족장에 올라 상족의 국가를 건설하려는 욕망을 가진 권력지향적 인물이다. 백령도에 상족의 상징인 코끼리바위를 만들고, 제사장을 살해하도록 교사하고 하제 부부를 갈라놓음으로써 모든 권력을 장악하고 아들과 더불어 상족을 부흥시키려 한다. 그러나 아들 마루의 죽음으로 자신의 잘못을 깨닫고 이작도에 화합의 징표를 만든다.

구분		내용
등장 인물 소개	하나린	부루족의 제사장이며, 웅족과의 화합을 도모하고 평화로운 사회를 만들려는 인물이다. 웅족과 부루족 간의 화합을 위해 애쓰고, 하제와 나르샤의 결혼을 이끌어내지만 이를 경계하는 족장에 의해 살해 당한다.
	해적 두목	상족의 후손이며, 과거 부루족의 일원으로 살던 시절 저지른 죄 때문에 도망친 후 해적질을 하며 산다. 족장의 명령을 따라 백령도에 코끼리 형상을 만든다. 족장의 명령에 따라 제사장을 죽이고 웅족에게 누명을 씌우는 인물이다. 아들 마루를 죽게 만들고, 결국 자신도 족장에게 죽음을 당한다.
	다휜	강화도로 이주해온 웅족 사람들을 대표하는 인물.
	원로4	원로들 중 유일하게 제사장을 끝까지 따르는 인물이며, 하나린의 뒤를 이어 제사장이 된다.
줄거리 요약		고조선이 쇠락하고 웅족은 남하하여 참성단이 있는 강화도(가비고지)로 향한다. 하지만 그들의 정착은 그리 순탄치 않다. 토착 세력의 반발이 심상치 않았기 때문이다. 웅족은 본래 모계 사회로 일찍부터 농경생활을 해왔고 발달된 기술을 가지고 있었다. 부계 사회였던 토착 세력, 부루족은 아직 농사 기술이 부족해 경작지에 대한 개념조차 부족한 상태였다. 부루족의 제사장은 화합을 강조하며, 반대 세력도 만족할 만한 4가지 조건을 내세워 웅족을 포용하려 한다.

1 경작지를 제공하는 대신 농사 기술을 전수받고 동시에 수확물을 일정 비율로 나눌 것.
2 웅족은 수렵으로 획득한 포획물을 부루족에게 나누어줌.
3 두 부족의 화합을 위한 징표로 웅족 여성과 부루족 남성의 결혼을 추진할 것.
4 두 부족 화합의 의미로 인적이 드문 신비한 섬(이작도)에 성소를 마련할 것.

제사장의 중재로 합의에 이르지만, 족장에게는 다른 속셈이 있었다. 자신들에게 필요한 농사 기술과 철기 기술만 빼낸 뒤 훗날 웅족을 몰아낼 생각이었던 것이다. 제사장의 주도 아래 주인공 남녀의 결혼식이 열리고, 사이좋게 지내는 것처럼 보이자 제사장은 성소를 만들려 한다. |

하지만 주인공 하제는 성소의 설치를 반대하는 의견을 내놓는 족장과 대립하고, 결국 몇몇 사람들만 이끌고 이작도로 향한다. 족장을 따르는 세력은 정작 농경 기술만 빼내고 수확물과 포획물은 독차지하려 한다. 게다가 상대방을 하루라도 빨리 몰아내고 자기 부족의 영역을 확장하고 싶은 욕심에 웅족을 몰아내려 한다. 결국 수확물을 독차지하려던 족장은 웅족에게 누명을 씌워 다힌을 종으로 삼는다. 게다가 해적을 시켜 제사장마저 죽이고 이 또한 웅족의 소행으로 꾸민다.

제사장이 죽자 권력을 독점한 족장은 본격적으로 웅족을 몰아낼 계획을 세우고 아들을 회유한다. 아들 마루는 예전부터 미모가 뛰어난 웅족의 나르샤를 흠모하고 있었다. 그러던 중 아버지로부터 그 부부를 갈라놓으면 나르샤를 자신에게 주겠다는 약속을 받고, 부부에게 도망갈 배를 준비해준다는 핑계로 두 사람을 불러낸다. 그리고 부부가 함께 움직이면 발각될 위험이 있으니 따로 다른 길을 통해 올 것을 당부한다. 부부는 그의 말을 믿는다.

약속한 날 밤 바닷가. 달빛도 구름에 가려 아무것도 보이지 않는다. 세찬 비바람과 거센 파도가 몰아친다. 나르샤를 기다리지만 올 기미가 안 보이고 군사들에 의해 쫓기자 하제는 마루에게 모든 것을 부탁하고 먼저 떠난다. 그 사이 족장은 웅족 마을을 초토화시켜버린다. 나르샤는 바닷가에 도착한 수하들에게 붙잡힌다. 약속과 달리 나르샤를 종으로 팔아넘기려는 아버지의 계획을 알게 된 마루는 아버지에 반발하여 나르샤와 웅족 일행을 구출하고 도망친다. 이를 추격하던 중 싸움이 벌어지고 마루는 나르샤를 홀로 배에 실어 떠나보내고 자신은 해적들과 맞서 싸우다가 죽음을 당한다. 자신의 명령조차 듣지 않는 해적에게 아들을 잃은 족장은 해적 일당을 모두 죽이고 아들의 시체를 들고 돌아간다. 하나뿐인 아들을 잃은 족장은 마을을 떠난다.

그 후로 가뭄이 들어 사람들이 굶주림에 시달리게 된다. 산이며 들이며 바다에서도 먹을 것을 구하기 힘들어진다. 그러던 중 바닷가에 고기를 잡으러 다녀온 어부들이 이상한 말을 한다. 얼마 전까지 보이지 않던 바위가 눈에 띤다는 것. 코끼리 형상의 바위, 사람의 얼굴 모습을 하고 있는 바위, 곰의 형상을 한 바위가 그것이다. 그것을 하제 부부의 통한이 새겨진 것이라고 마을사람들은 수근댄다. 가뭄으로 먹을 것이 부족해져서 사건사고가 끊이지 않자 원로는 족장을 찾아떠난다.

이작도에서 속죄의 뜻으로 화합의 징표를 만들던 족장은 부족에게 돌아오고 과거를 뉘우치며 제를 올린다. 그러자 하늘에서 비가 내리기 시작하고, 네 개의 바위가 동시에 새롭게 아침을 맞이한다.

실습문제

Q. 공모전에 제출한다는 생각으로 시놉시스를 만들어보자.

구분	내용	
제목		
기획 의도		
주제		
등장 인물 소개		

**줄거리
요약**

트리트먼트는 뭐지?

트리트먼트라고 하면 제일 먼저 떠오르는 게 모발관리제일지도 모르겠다. 그게 아니어도 트리트먼트라는 용어를 들어봤더라도 그게 무언지 확실하게 알고 있는 사람은 그리 많지 않다. 자기 전공과 관련이 있거나 어느 정도 관심을 가지고 있는 사람이 아니고선 그게 무엇을 말하는 용어인지도 모르고, 설령 안다고 해도 어떻게 만들어야 하는지 모르는 경우가 많을 것이다.

트리트먼트는 시놉시스를 보다 발전시킨 형태의 작업물을 말한다. 영상을 만들기 위해서는 시놉시스에서 점차 발전시켜 시나리오를 만들어야 하는데, 그 중간 단계에 해당되는 게 바로 트리트먼트다. 쉽게 말해 등장인물, 플롯, 추정 예산 등의 내용을 기술한 일종의 제작 기획안이라고 생각하면 된다. 이러한 문서는 시놉시스와

트리트먼트의 개념

시놉시스 → 트리트먼트 → 시나리오

확장, 발전   확장, 발전

마찬가지로 영화나 드라마 같은 영상물에서 많이 사용된다. 그리고 시나리오와 비슷해 보이지만 적지 않은 차이가 있다.

'일종의 제작 기획안'이라는 말 때문에 어려운 느낌이 들 것이다. 하지만 예산이나 홍보, 마케팅의 문제까지 기록하는 건 본격적인 기획서의 양식에 해당되기 때문에 겁먹을 필요는 없다. 그냥 이야기에만 신경을 쓰도록 하자. 플롯 추출을 하고 그 내용을 정리한 걸 꺼내 펼쳐 놓고 거기에다 내용을 추가하고 분량을 늘리기만 하면 된다. 조심할 게 있다면, 영상화를 염두에 두고 스토리를 진행시켜야 하기 때문에 그냥 소설을 쓰듯 하면 안 된다는 것이다. 반드시 영상으로 어떻게 전환이 되는지를 고려해야 한다. 트리트먼트를 구성하는 순서를 정리해보면 다음 그림과 같다.

플롯 만들기를 할 때 각각의 부분에 해당 줄거리를 왜 요약하라고 했는지 이제 그 쓰임새가 이해될 것이다. 이 과정에서 특히 3단계, 즉 가져온 플롯이 영상으로 어떻게 구성될지를 생각하는 부분은 매우 중요하다. 그 부분에서 기존의 플롯 줄거리를 다시 잘게 쪼

플롯구성의 단계

STEP 1	STEP 2	STEP 3	STEP 4
앞선 작업에서 미리 작성해 놓았던 플롯 단위의 줄거리를 가져온다.	플롯 단위의 줄거리를 각각 기호 '#'으로 구분한다.	플롯 단위의 줄거리를 영상으로 표현할 걸 염두에 두고 내용을 늘린다.	'#'으로 구분된 줄거리에 포인트가 되는 영상기법을 기록한다.

개야 하는 상황이 발생할 수도 있기 때문이다. 하나의 플롯에 해당되는 줄거리를 그냥 통째로 영상화하면 스토리가 느슨해지는 경우가 있는데, 그럴 땐 보다 작은 단위로 다시 나누는 게 좋다. 플롯을 더 잘게 쪼개기 위해서는 시퀀스sequence와 신scene, 그리고 쇼트shot의 구분에 대해 명확하게 알고 있어야 한다.

하나의 영화는 여러 개의 에피소드로 이루어져 있는데, 그 각각의 에피소드를 시퀀스라고 생각하면 되고, 그 시퀀스는 다시 여러 개의 신들이 모여 이루어지며, 그때의 신은 수많은 쇼트들로 구성된다. 간혹 쇼트와 컷의 개념이 헷갈리는 경우가 있는데, 쇼트는 촬영할 때의 개념이고, 컷은 편집할 때의 개념이라고 생각하면 편하다. 즉 쇼트는 한 번 촬영을 시작해서 끝날 때까지의 단위를 의미하고, 컷은 끊어 붙일 각각의 쇼트들을 지칭하는 것이다.

영상단위의 구분

시퀀스	신이 모여 이루어진 것이며, 에피소드의 단위라고 생각하면 된다.
신	동일한 시간과 장소에서 벌어지는 일의 단위라고 생각하면 된다.
시퀀스	촬영의 가장 기본 단위이며, 카메라의 각도와 깊은 관련이 있다.

실제로 트리트먼트를 구성해보자. 그러기 위해서는 먼저 플롯의 줄거리를 한 부분 가져와야 한다.

줄거리

고조선이 쇠락하고 웅족이 남하하여 참성단이 있는 강화도(가비고지)로 향한다. 하지만 그들의 정착은 그리 순탄치 않다. 토착 세력의 반발이 심상치 않기 때문이다. 웅족은 본래 모계 사회로 일찍부터 농경을 중심으로 생활을 해왔고 발달된 농경기술을 가지고 있었다. 반면 부계 사회였던 토착세력은 아직 농사 기술이 부족해 경작지에 대한 생각조차 갖고 있지 않았다. 부루족의 제사장은 화합을 강조하며, 반대세력도 만족할 만한 4가지 조건을 제시하며 웅족을 포용하려 한다.

위의 줄거리를 트리트먼트로 옮겨보면 다음과 같다.

트리트먼트

1

따스한 봄날, 농사를 짓고 있는 웅족의 마을, 각종 농기구를 이용해 여러 가지 농사를 짓고 있다. 모두 평화로워 보이는 얼굴이다.

2

눈보라가 몰아치는 차가운 겨울, 고조선이 멸망하고 평화로운 날을 보내던 그들은 고향을 등지고 길을 떠난다. 웅족의 수장이 무리를 이끌고 참성단이 있는 강화도(가비고지)로 향한다. 고생 끝에 가비고지에 다다르는 그들이 토착세력들과 조우한다.

3

외부 세력의 유입을 달갑게 여기지 않은 토착 세력의 족장, 그들의 정착을 반대하며, 화합을 강조하는 제사장과 대립한다. 회의 끝에 앞선 농경기술을 전수받는 대가로 웅족을 받아들이기로 한다. 토착세력은 두 부족 간의 평화유지를 위해 4가지 조건을 만든다.

줄거리가 트리트먼트화 되면서 이미지 중심으로 정리되어 가고 있음을 알 수 있다. 영상화될 것을 염두에 두고 만들어졌기 때문이다. 이때 만들어진 트리트먼트는 아직 구체적 신 단위까지는 구분되지 않았다. 나중에 신을 구분하려면 장소의 변화에 따라 변한다고 생각하면 된다.

신구분	내용
#1	따스한 봄날, 농사를 짓고 있는 웅족의 마을, 각종 농기구를 이용해 여러 가지 농사를 짓고 있는 장면.
#2	고조선이 외세의 침략에 의해 멸망하자, 고향을 등지고 길을 떠나는 장면.
#3	눈보라가 몰아치는 차가운 겨울, 웅족의 수장은 무리를 이끌고 참성단이 있는 강화도(가비고지)로 향하고, 고생 끝에 가비고지에 다다른 그들이 토착세력과 만나는 장면.
#4	회의장, 외부 세력의 유입을 달갑게 여기지 않은 족장과 화합을 강조하는 제사장이 의견 대립을 이루는 장면. 회의 끝에 농경기술을 전수받는 대가로 웅족을 받아들이기로 결정하고, 토착 세력이 두 부족 간의 평화유지를 위해 4가지 조건을 만드는 장면.

위에서 나눈 신은 다시 여러 개의 쇼트로 구분될 수 있는데 쇼트 구분은 연출자의 몫이라고 생각하면 된다. 그리고 트리트먼트에는 대사는 들어가지 않아야 하지만 요즘은 그렇지도 않다. 공모전 요강을 보면 트리트먼트에 대사를 삽입시킬 퍼센티지를 명기해놓는 경우들을 볼 수 있는데, 그 때문에 트리트먼트가 뭔지 헷갈리는 상황이 많아졌다. 그래서 그냥 소설을 써버리는 경우가 많은데, 트리트먼트에서 중요한 건 스토리의 전개 구조라는 걸 명심하자. 그래도 트리트먼트 형식이 뭔지 모르겠다면, 개념 따위는 접어두고 소설 쓰듯 줄거리를 길게 풀어내면 된다.

실습문제

Q. 정리된 플롯의 내용을 가지고 트리트먼트를 만들어보자.

시나리오는
눈에 보이듯 써야

시나리오는 형식적인 측면에서 소설과 확연히 다르다. 시나리오는 감성적인 표현을 사용해 작성하는 게 아니라 대사와 구체적인 지시사항으로 이야기를 끌고 간다. 물론 소설에도 대사가 들어가 있기는 하지만 대사가 흐름을 주도하는 것은 아니다. 시나리오에서는 추상적인 표현 대신 구체적인 표현들만 사용해야 한다. 시나리오는 그 자체로 완성된 작품이 아니다. 하나의 영상을 만들기 위한 설계도 같기 것이기 때문에 그것을 보고 만드는 사람들이 구체적인 그림을 떠올릴 수 있게끔 명확한 의사전달을 할 수 있어야만 한다. 소설과 마찬가지로 시나리오도 충분한 자료조사가 뒷받침되어야 한다. 방에 틀어박혀 있어서는 좋은 시나리오를 쓸 수 없다. 다만 시나리오가 소설과 조금 다른 점이 있다면, 문체의 영향을 그다지 받지 않는다는 것이다. 대신 연출을 고려하면서 구체적인 문장으로 써야 한다.

문체에 따라 이야기의 분위기가 달라지는 게 소설이라면, 연출에 따라 이야기의 분위기가 달라지는 게 시나리오다. 그래서 시나리오는 그 자체로 완성된 작품이라고 보기 힘들다. 영상으로 만들어졌을 때 비로소 작품이 완성되는 것이기 때문에 항상 이미지를 염두에 두어야 한다. 그래서 소설이나 시처럼 추상적이고 애매한 표현이 통하지 않는다. 영화가 아닌 드라마 대본일 경우에는 더욱 그러하다. 물론 연출자가 대본을 어떻게 이해하고 연출하는가에 따라 영상이 달라지기는 하지만, 구체적이지 못한 표현은 종종 연출 자체를 막연하게 만든다.

그렇다고 해서 시나리오를 쓰는 사람이 연출에 관한 모든 사항을 챙겨야 한다는 말은 아니다. 시나리오 자체가 연출에 관한 세세한 사항들을 모두 지시하고 있으면 연출자의 감각이나 재능 따윈 필요 없어진다. 연출자가 주어진 시나리오를 어떻게 이해하고 표현하느냐에 따라 최종 결과물, 즉 영상이 달라진다. 이것이 바로 연출자의 재능이고 능력이다. 같은 시나리오라도 연출자에 따라 결과물은 천차만별이다. 따라서 시나리오를 쓸 때 연출자의 영역을 침범해서는 안 되며, 만약에 스스로가 그리고 싶은 이미지가 있다면 연출까지 작가가 맡아야 할 것이다. 그래서 영화에서는 감독 본인이 시나리오를 쓰는 경우가 많다.

시나리오 구성의 3 요소

대사	지문	장면표시
배우들끼리 서로 주고받는 말이나 혼잣말.	인물의 동작이나 표정, 말투, 심리 상태를 적어놓거나 조명, 음향효과, 배경음악, 카메라의 위치 등을 지시하는 글.	장면 번호(scene number - S#1, S#2 등)로 나타낸다.

시나리오 형식의 3 요소

해설	대사	지문
시나리오의 첫머리에 등장인물, 때와 장소, 배경 등을 설명해 놓은 부분.	배우들끼리 서로 주고받는 말이나 혼잣말.	인물의 동작이나 표정, 말투, 심리 상태를 적어놓거나 조명, 음향효과, 배경음악, 카메라의 위치 등을 지시하는 글.

시나리오를 쓰기 위한 요소들을 살펴보면 다음과 같이 구분된다. 초보자들이 제일 신경을 써야 할 것은 지문이다. 지문에서 소설처럼 모호한 표현을 사용하는 경우가 많기 때문이다. 예를 들어 보자.

> 그는 인생이란 뜬구름을 잡는 그런 것이라고 생각했다.

위의 지문은 잘못된 것이다. 왜냐하면 그 내용이 어떻게 영상으로 표현해야 하는지 구체적인 내용을 제시하지 못하기 때문이다. 반드시 그 부분이 시각적으로 어떻게 드러나는지를 설명해야 한다. 바르게 고쳐보면,

---

하늘에 구름이 천천히 흘러가고 있다.
그: (구름을 향해 손을 뻗으며)인생이 다 그런 거지, 뭐…….

라는 식으로 영상이 어떤지 구체적으로 알 수 있어야 한다.

시나리오 작성의 예

실제 시나리오 작성의 예를 보면 다음과 같다.

S#1. 청주 우주선 발사장(서기 2030년, 밤)

웅장한 BGM.

지지대 위에 세워진 우주선 붐업.
천천히 드러나는 우주선의 모습.
우주선의 양 옆으로 세워진 거대한 지지탑이 분리된다.

지지대 아래 거대한 체인바퀴가 움직이면서 우주선이 발사대로 옮겨진다.
그 곁으로 누렁개 한 마리가 신발 한 짝을 물고 어슬렁거리며 지나간다.

S#2. 우주선 발사장(아침)

일출과 더불어 우주선이 빛을 반사한다.
분사체 옆에 부착된 연료주입관이 분리된다.
우주선 곁에 세워진 거대한 비계 차량의 모습.
선체를 확인하고 있는 엔지니어 복장의 사람.

- 시간경과 -

차례대로 우주선으로 옮겨 타고 있는 우주복 차림의 다섯 사람.

S#3. 관제센터 상황실(낮)

여러 대의 모니터들이 즐비한 가운데,
수많은 연구 기술진들이 각자의 자리에 앉아서 시뮬레이션 데이터를 체
크한다.
바쁘게 그들 사이를 오가며 최종적인 상황을 종합적으로 체크하고 있는
총괄 책임자. 헤드셋을 통해 체크상황을 전달한다.

S#4. 우주선 내부(낮)

우주복을 착용한 채 계기판과 각종 신호들을 확인하는 선장과 항해사.

그들의 뒤편으로 긴장된 표정으로 심호흡을 하고 있는,

안심이 되지 않는지 계속해서 안전벨트를 확인하는,

어서 출발하기만을 바라는 듯 들뜬 표정을 하고 있는 총 세 명의 탑승자.

그들의 탑승창 밖으로 카메라 줌 아웃되면서

점차 육중한 우주선의 선체가 드러난다.

우주선 전체의 모습이 화면을 채우고 나면

개미 한 마리조차 지나지 않을 듯 발사장 주변이 고요하다.

카메라 계속해서 줌 아웃되고.

S#5. 상황실(낮)

줌 아웃 된 발사장 모습은 상황실의 대형 스크린 화면으로 바뀌고,

기술진들은 일제히 일어서서 긴장된 모습으로 전면에 설치된 대형 스크린에 시선을 집중한다.

스크린 옆에는 커다란 디지털시계가 현재 시간을 나타내고 있다.

큰 소리로 외치는 관제센터장.

센터장: 카운트다운 레디! 스타트!

스크린 전면에 카운트다운 화면이 나타난다.

10. 9. 8. 7. 6. 5. 4. 3. 2. 1. 0.

S#6. 우주선 발사대(낮)

선체의 엔진에서 가늘게 분사되기 시작하는 연기.

점차 굵어지는 연기가 순식간에 우주선 하체 부분으로 안개처럼 뿌옇게 퍼진다.

순간 굉음과 함께 불꽃을 뿜기 시작하며 상승하는 우주선.
우주선 본체에 연결되어 있던 케이블들이 차례로 분리된다.
솟아오르는 우주선 트랙 업.

S#7. 상황실(낮)

우주선이 발사되자 다시 자신들의 모니터를 주시하며 바쁜 사람들.

S#8. 상대성 집(낮)

우주선 발사 장면이 방송되고 있는 스크린 앞.

TV소리: 드디어 스페이스셔틀코리아 엠원(SSK-M1)이 웅대한 모습을
드러내며 하늘로 솟아오르고 있습니다. 많은 국민들도 그들이 무사히 화
성에 도착하기를 기원하며 이 장면을 함께 보고 있습니다.

초조한 표정으로 바라보고 있는 어머니.
스크린이 벽면 위쪽에 걸려 있는 주인공 상대성의 사진들. 어린 시절, 졸
업 사진, 박사모를 쓴 사진.

위의 예처럼 제일 먼저 신 넘버를 붙여야 하며, 그 뒤에 장소와
시간대를 설정해주고, 줄을 바꿔 본격적인 내용을 적어나가면 된
다. 그리고 대사가 있다면 지문과 잘 구분될 수 있게끔 행갈이를 해
명확히 해주자. 시나리오는 영상에 대한 설계도라는 것을 항상 명

심해야 한다. 카메라 워크를 잘 알고 있으면 그만큼 자신이 만들고자 하는 내용을 보다 또렷하게 전달할 수 있다. 영화나 드라마를 볼 때 카메라가 어떻게 움직이고 있는지를 관찰하면서 보는 것만큼 좋은 연습도 없다.

실습문제

Q. 트리트먼트의 내용을 바탕으로 시나리오를 만들어보자.

게임에도
시나리오가 있다?

　기존의 플롯을 그대로 가져와 살을 붙이면 게임도 만들 수 있다. 게임을 만들기 위해 필요한 스토리텔링이 바로 게임 시나리오를 만드는 일이다. 초보자들은 게임 시나리오라는 명칭 때문에 막연히 일반적인 시나리오와 비슷할 것이라 생각한다. 하지만 게임 시나리오는 일반적인 영상물을 위한 시나리오와는 여러 가지로 다르다.

　게임 시나리오의 가장 큰 특징은 상호작용에 있다. 쉽게 말해 영화나 드라마는 감상하는 것이고, 게임은 플레이하는 것이다. 게임을 하는 플레이어는 수동적인 감상행위에 그치지 않고 능동적으로 게임에 참여한다는 의미에서 상호작용이 이루어진다고 말하는 것이다. 그러한 차이점을 알고 있어야만 게임 시나리오를 쓸 수 있다. 아무런 지식도 없는 상태에서 무턱대고 게임 시나리오를 쓰려는 초보자들은 상호작용을 반영하는 방법을 모르기 때문에 대략적인 스토리를 만들어내는 선에 그칠 수밖에 없다. 만들어진 스토리를 그냥 게임에 넣으면 되는 게 아닌가 하는 막연한 생각으로는 게임 시나리오를 만들어낼 수 없다. 게임 시나리오는 사실 말이 시나리오지 게임을 만들기 위한 기획 전반을 함께 담고 있는 문서다. 그렇기 때문에 아무리 영상 분야에 관계된 시나리오를 많이 써보았다고 하더라도 게임에 대한 어느 정도의 배경지식이 없으면 쓰기가 어렵다. 살을 붙여야 할 내용을 구분해보면 다음과 같다.

항목	설명
제목	게임의 제목
장르	게임의 장르
플랫폼	게임을 구동시킬 장치 설명
그래픽	게임 세계의 분위기와 그래픽에 대한 설명

게임을 만들려면 먼저 게임의 장르와 플랫폼을 결정하고 그에 맞는 스토리를 개발하는 순서를 밟는다. 그런데 우리에게는 이미 만들어놓은 스토리와 플롯이 있기 때문에, 그 스토리에 맞는 장르와 플랫폼을 설정하면 된다. 예를 들어 자기가 만든 스토리가 스나이퍼에 대한 이야기라면 FPS(일인칭 슈팅게임)을 만들면 된다. 그리고 스토리 전체를 끌어다가 게임을 만들 수도 있지만, 일부분만을 가

져다 게임화해도 된다. 예를 들면, 〈반지의 제왕〉 스토리 전체를 반영해 이야기를 따라가는 콘솔게임을 만들어도 되지만, 성에서 싸우는 부분만 가져다가 공성전을 펼치는 롤플레잉 게임으로 만들어도 된다는 말이다.

게임의 장르를 구분해보면, 어드벤처, 액션, 롤프레잉, 전략, 시뮬레이션, 슈팅, 아케이드, 스포츠, 대전, 캐주얼, 퍼즐 등으로 나누어볼 수 있다. 그리고 각각의 장르는 서로 독립적일 수도 있지만 영화처럼 서로 섞여 있을 수도 있다.

플랫폼은 만들어질 게임을 구동시킬 장치를 뜻하는 말인데, PC, 콘솔, 모바일, 온라인 등으로 구분한다. 같은 PC게임이라도 CD나 DVD를 넣고 하는 게임을 그냥 PC게임, 온라인상에서 곧바로 즐기는 게임을 PC온라인 게임으로 구분하고 있다. 요즘은 CD나 DVD를 넣고 하는 PC게임은 찾아보기 힘들기 때문에 대부분 온라인 게임이라고 보면 된다. 장르와 플랫폼이 결정되었으면 인물, 사건, 배경의 요소를 게임에 맞는 형식으로 변환시켜주면 된다. 이때 가장 유의해야 할 점은 모든 요소가 시각화될 수 있어야 한다는 사실이다. 실제 배경이나 연기에 의해 만들어지는 영상과는 달리 게임은 모든 것들이 다 그래픽을 통해 만들어지기 때문이다. 예를 들어 미래를 배경으로 한 공상과학판타지 스토리가 있다고 하자. 영화에서는 배우를 섭외해서 캐릭터를 재현하는 반면, 게임에서는 머리끝에서 발끝까지 그 캐릭터의 모든 것을 창조해야만 한다.

항목	최소사항	권장사항
CPU	Intel ®Pantium ®D	Intel Core2Duo E6600
RAM	2GB	4GB
VGA	Geforce 6800(256MB) 이상	Geforce 8800GT(512MB) 이상
HDD	2.8GB	
운영체제	Window7 이상	

위의 예는 〈스타크래프트: 리마스터〉를 플레이하는 데 필요한 항목이며, 플랫폼에 따라 게임을 가동시키기 위해 필요한 시스템 사양을 구체적으로 풀어준다.

타깃

항목	설명
핵심 타깃	핵심적 공략 대상군 (ex: 13세 이상 30대 미만의 독신 남성)
일반 타깃	보편적 공략 대상군 (ex: 19세 이상 성인)

위의 예처럼 어떤 유저들을 대상으로 만든 게임인지 설명해준다.

기획의도

왜 이 게임을 만들었는지, 목표로 하는 바가 무엇인지 설명한다.

특징

게임 자체가 가진 특징, 그리고 타게임과의 차별점을 설명해준다. 시스템적인 것뿐 아니라 게임 내용상의 재미 요소가 무엇인지도 설명하는 게 좋다.

게임 세계관

먼저 배경 스토리를 설명해야 한다. 그리고 세부적인 세계관 즉, 공간과 시간 설정에 대한 설명을 해야 한다. 특히 공간적 세계관은 게임에 있어서 맵의 형태로 나타나는 것이기 때문에 구체적이어야 하며 시각적인 설명을 곁들여야 한다. 구체적인 설명이 부족하면 그래픽 디자이너가 고생을 하게 된다.

캐릭터

등장하는 모든 캐릭터에 대해 개별적으로 도표를 만들어주는 게 좋다. 캐릭터 외에 게임에 등장하는 오브제까지 설정해주면 좋다.

항목	설명
PC (Player Character)	플레이어가 직접 조종할 수 있는 캐릭터
NPC (Non Player Character)	AI에 의해 움직이는 캐릭터
Monster	플레이어가 사냥해야 할 괴물들
Object	게임 배경에 등장하는 사물들

캐릭터 이름				
캐릭터 컨셉	시각적으로 표현되었을 때의 전체적 느낌 (ex- 귀엽지만 당당하고 자신감에 넘쳐 보인다.)	이름/ 배역		캐릭터의 이름이나 역할
기본 정보	성별/ 나이		직업	직업군이 존재하는 게임일 경우
	인종		국적	
외모	외모는 구체적으로 설명해주어야 한다. 이를테면 키는 얼마나 크고 몸무게는 어느 정도인 체형이며, 옷차림은 어떤지 등을 상세히 설명해주면 좋다.			
역할	게임에서의 역할			
목표	캐릭터의 게임 내 목표			
히스 토리				

능력치 설정

흔히 '스탯'이라고 부르는 캐릭터의 능력을 설정하는 부분이다. 캐릭터마다 능력이 다른 경우 그 수치적 밸런스를 조절해야 한다.

캐릭터의 직업이나 역할에 따라 능력치는 서로 다르게 설정이 될 수 있다. 특히 파티 플레이가 가능한 게임에서는 역할이 무엇이냐에 따라 다른 캐릭터에 비해 특정 능력이 높게 설정되는 것이 보통이다. 그렇지만 모든 능력치는 상대해야 할 적의 능력치를 고려해 만들어져야 한다. 만약에 PC의 능력치가 잡아야 할 몬스터들의 능력치에 비해 현저하게 낮거나 높게 설정이 된다면 게임의 밸런스가 무너지게 된다. 더불어 레벨이 높아짐에 따라 능력치도 상승하는데, 그 증가폭은 '만렙' 기준의 능력이 얼마인가를 고려해야 하기 때문에 세부적인 수치 설정은 매우 어렵다. 그렇기 때문에 이 부분은 스토리에만 관여하는 스토리텔러보다는 전문적 게임기획자의 몫으로 남겨두는 편이 낫다.

PC 행동과 스킬 설정

플레이어 캐릭터의 움직임에 대해 설명해야 한다. 그리고 플레이어가 가지고 있는 스킬에 따라 각각 그 내용을 설명해주어야 한다. 공격과 방어, 이동, 회복, 마법 등 여러 종류의 스킬을 설정하는데, 각각의 스킬에 따른 수치 계산은 보통 전문 게임기획자가 맡아서 한다.

스킬명: 장풍			
효과	상대를 밀어 넘어뜨림	효과범위	지고
그래픽 효과	파동 모양으로 나아감	기능	방향키 + 우클릭
소비 에너지	마나 55포인트	지속 시간	1.5초

몬스터 행동패턴 설정

플레이어 캐릭터의 움직임에 따라 몬스터가 반응하는 유형 즉, 몬스터의 AI설정을 어떻게 하느냐에 대한 설명이다.

유형	설명
단순무식형	정해진 포인트를 얼쩡거리고, 때리면 때리는 대로 반격하지 않고 그냥 맞는다. 에너지가 다 없어지고 나면 조금의 경험치를 주고 서서히 죽어가는 희생적인 몬스터다.
단순반격형	PC가 먼저 공격하지 않으면 오직 자신의 거점 지역을 배회한다. PC가 먼저 공격할 때만 반격을 하며 일정 거리 이상 떨어지면 다시 자신의 웨이포인트를 따라 이동한다.
기타	

이벤트(미션 혹은 퀘스트) 설정

게임에서 벌어지는 사건을 이벤트라고 한다. 이때 플레이어는 캐릭터를 움직여 문제를 해결해야 하는데, 흔히 반드시 해야만 하

Event 넘버, 위치	event01, 복도
발생 조건	열쇠를 줍는다
목표 미션	방으로 들어가기

이벤트 설명

PC가 어두컴컴한 복도를 걸어가다가 막다른 지점에 도달하면, 허름한 원피스를 입은 소녀가 고개를 숙인 채 의자에 앉아 있다. 소녀의 발밑에는 열쇠가 하나 놓여 있고, PC는 그 열쇠를 주 워든다. 그 순간 복도 옆의 방문이 벌컥 열리면서 괴이한 생물체(몬스터명)가 튀어나온다. 놀란 PC가 랜턴을 들이대자 빛을 받은 괴이한 생물체가 연기를 뿜어내며 타들어가듯 괴로워하고 다시 방문 안으로 사라져버린다(대사나 특수효과가 있다면 시나리오 형식으로 기록해 준다).

이벤트 완료 조건

괴이한 생물체를 다시 방안으로 들어가게 해야 한다. 뒤로 돌아가거나 실패했을 때는 방으로 들어갈 수 없다.

는 것을 흔히 미션, 해도 되고 안 해도 되는 것을 퀘스트라고 부른 다. 새롭게 미션이나 퀘스트를 만들기 어렵다면 만들어놓은 플롯의 단위를 활용하면 된다. 다만 미션은 반드시 수행해야만 하는 것이 기 때문에 실패했을 때는 다음 단계의 플롯으로 진행할 수가 없도 록 해야 하고, 퀘스트의 수행 여부는 플레이어의 자유이기 때문에 다음 플롯으로의 진행과는 상관이 없어야 한다. 단, 퀘스트를 수행 한 플레이어와 그렇지 않은 플레이어를 동일하게 취급할 수는 없기 때문에 그만큼의 합당한 보상을 해주는 게 좋다.

아이템 설정

게임을 진행하는 데 도움이 되는 것들을 통칭해 아이템이라고 부른다. 아이템은 게임의 수익성과 직결되기 때문에 게임개발자들이 신경을 많이 쓰는 부분이다. 일반적으로 부분 유료화를 진행하고 있는 게임들의 수익은 주로 아이템에서 발생하기 때문이다. 이러한 아이템은 게임 장르에 따라 여러 가지 형태로 존재하며, 어떤 게임이냐에 따라 반드시 갖춰야 할 아이템이 있고, 그 외의 아이템들은 개발자의 아이디어에 따라 달라질 수 있다. 아이템은 원래 RPG 게임이나 어드벤처 게임에서 주로 활용되던 것이었지만, 현재는 거의 모든 게임에서 활용하고 있을 만큼 그 적용 범위가 넓어졌다. 이는 아이템이 게임의 재미를 높이는 데 큰 역할을 한다는 증거이기도 하다. 수많은 아이템을 명료하게 구분하기는 힘들지만 일반적으로 착용 아이템, 조합 아이템, 공격 아이템, 방어 아이템, 회복 아이템, 회피 아이템, 장신구 아이템, 퍼즐 아이템, 정보 아이템 등으로 나뉜다.

이름	해독제	파일명	Item_Cure01
형태	외형적 그래픽 설명	기능	아이템 사용시의 기능설명
속성	물약	내구도	무기류나 방어류일 때 설정
착용 제약	무기류나 방어류일 때 설정	속도	무기류나 방어류일 때 설정
공격력	무기류나 방어류일 때 설정	명중률	무기류나 방어류일 때 설정
구입가격	구입할 때 드는 비용 (캐시 혹은 게임머니)	판매가격	판매가 가능할 때

특히 무기나 방어구 아이템은 캐릭터의 공격력과 방어력에 영향을 미치며 게임의 난이도와 관련되어 있기 때문에 정교하게 설정할 필요가 있다.

플로우 차트

게임의 진행 순서를 알 수 있게 해주는 그림이다. 어떻게 시작해서 어떻게 진행되고 어떻게 끝나는지를 알아야 프로그래머가 알고리즘을 만들 수 있다. 플로우 차트를 만들기 위해서는 최소한 세 가지 도형은 알아두어야 하는데 아래와 같다.

플로우 차트 세 가지

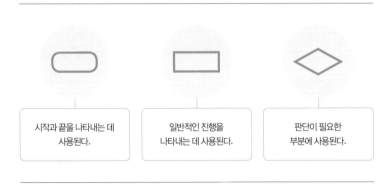

| 시작과 끝을 나타내는 데 사용된다. | 일반적인 진행을 나타내는 데 사용된다. | 판단이 필요한 부분에 사용된다. |

특히 마름모의 사용이 중요한데, 일정한 조건을 충족시켰는가, 아닌가에 따라 진행의 순서가 달라짐을 표현하는 것이다. 어렵게

생각할 필요는 없다. 앞서 만들어놓은 플롯을 활용하면 된다. 예를 들어, 가장 쉬운 방법은 플롯들 각각의 단위를 플레이어가 통과하게 될 스테이지로 사용하는 것이다.

오른쪽의 그림처럼 스테이지 방식으로 구성되는 게임은 각각의 플롯 말미에 항상 극복해야 할 난관을 설정해놓아야 하고, 그 난관은 플레이가 진행될수록 완수하기 어려워져야 한다. 이를 난이도라고 표현하는데, 이러한 방식은 플레이어가 단기적으로 성취감을 선사하기에 좋은 구도가 된다.

레벨 설정

수치에 관계된 사항은 밸런스를 조정해가면서 수시로 변동될 수 있기 때문에 일반적으로 전문 게임 기획자가 담당한다. 일반적으로 레벨을 올리기 위해서는 그에 따른 경험치의 획득하는 것이 중요

하다. 이를 필요 경험치라고 하고, 레벨이 증가함에 따라 그에 필요
한 경험치의 양이 점점 증가하게 끔 만들어진다. 이때 필요 경험치
의 증가량은 피보나치 수열을 기본으로 하는데, 이는 증가량의 황
금비율을 따지기 위함이다. 피보나치 수열의 공식은 아래와 같다.

$f(n) = 1$ (n≦2 일 때)
$f(n) = f(n-2)+f(n-1)$ (n>2 일 때)

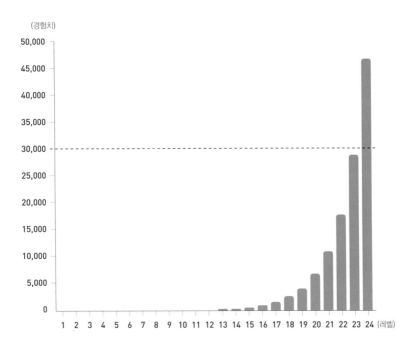

이에 따르면 "1, 1, 2, 3, 5, 8, 13…"의 형식으로 수가 증가하고, 이를 적용해 필요경험치 양을 설정하면 된다. 이 수열을 그래프로 나타내면 앞서와 같다.

다음 그래프에서처럼 레벨 상승에 따른 필요 경험치 양은 어느 순간 급격히 증가하기 시작한다. 그래서 후반으로 갈수록 레벨을 올리기 힘들어진다. 이런 현상이 지속되면 게임이 지루해지거나 몰입도가 떨어질 우려가 있기 때문에 특정 구간에 상수 k를 곱해 그 증가폭을 조절해주기도 한다.

인터페이스 설정

인터페이스는 사용자와 게임 사이의 접촉 방식에 대한 설명이다. 먼저 컨트롤 인터페이스를 만들어야 하는데, 이는 게임의 조작법에 대한 부분이다. 이를테면 PC 온라인 게임의 경우 대부분 키보드와 마우스를 가지고 조작한다. 그래서 각각의 기능에 따라 어떤 키를 눌러야 할지 설정하는 부분이다. 그리고 GUIGraphical User Interface를 설정해야 하는데, 흔히 UI라고 부른다. UI는 플레이어가 게임을 접하는 시각적인 부분에 대한 설명으로, 화면상에 나타나는 시점, 시스템 요소들의 시각적 배치사항에 대한 디자인이라고 생각하면 된다. UI는 가급적 단순하게 만들어야 한다. 게임 조작법이 너무 복잡해 플레이어가 컨트롤에 어려움을 느낀다면 쉽게 게임에 빠져들기 어렵다. 단순함은 실제 키 조작뿐만 아니라, 화면상에서 마우스를 움직여 컨트롤해야 하는 부분들에도 적용되어야 한다. 필요한 사항들은 화면상에 빠짐없이 드러내면서도 간단하고 쉽게 만드는 게 결코 쉬운 일은 아니다.

또 플레이어들에게 친숙한 인터페이스를 만들어야 한다. 다른 게임과의 차별성을 높이기 위해 완전히 새로운 인터페이스를 만들면 플레이어들이 그 인터페이스에 적응하는 시간이 길어진다. 낯선 인터페이스로 유저들을 헤매게 만들면 안 된다. 다른 게임과 너무 똑같은 방식의 인터페이스를 만들면 베꼈다는 비난을 피할 수가 없기 때문에 독특하면서도 친숙한 유저 인터페이스를 만들기는 쉽지 않다.

실습문제

Q. 자기가 만든 스토리에 맞는 게임 장르를 선택하고 캐릭터를 설정해보자.

실습문제

Q. 게임 시나리오 작성에 필요한 항목들을 쓰고 내용을 정리해보자.

5장

영상
스토리텔링

우리는 활자보다 이미지에 익숙한 시대를 살고 있다. 당연히 스토리텔링의 대세는 영상이다. 이미지가 중심이라는 점에서 영상 스토리텔링이 갖는 공통적 특징이 있지만, 어떤 미디어를 통해 제공되느냐에 따라 형태가 조금씩 다르게 드러난다. 대표적으로 영화, 드라마, 웹드라마, 광고의 스토리텔링이 어떻게 이루어지는지 알아보자.

진정한 스토리텔링은 준비에서부터

    누구나 대단한 작품 만들기를 꿈꾸지만, 절대로 첫 술에 배부를 수 없다. 의욕보다 중요한 것은 꾸준한 노력이다. 불타는 의욕을 가지고 무작정 쓰기만 해서는 얼마 지나지 않아 바로 수그러드는 '미.완의 반복'에서 벗어날 수 없다. '수준작'에 앞서 '완성작'을 만들어내는 습관을 들여야 한다. 거듭 강조해도 지나치지 않은 것은 '완성본'을 만들어보는 일이다. 초보자들에게 스토리텔링이 어렵게 느껴지는 이유는 다 욕심 때문이다.

    훌륭한 주방장이 되기 위해서는 물을 긷고 접시를 닦는 허드렛일부터 시작해야 한다. 물을 긷고 접시를 닦는 과정을 거쳐 드디어 요리를 만들 수 있는 순간이 왔다고 해서 그 요리가 처음부터 감동적인 맛을 내기는 어려울 것이다. 수많은 연습과 경험을 통해 요리에 대한 이해가 몸에 배었을 때 비로소 맛을 낼 수 있는 법이다. 마찬가지로, 스토리텔링의 노하우도 수없이 반복되는 습작을 통해 얻어진다. 무림 고수가 되기 위해 기본 자세를 백 번, 천 번 단련해야 하는 것처럼 스토리텔링의 고수가 되기 위해서도 우선 기본기를 확실히 해야 한다.

모든 기본 단계를 거쳐 스토리텔링을 해본 후에야 비로소 완성도가 높은 스토리텔링을 연습해야 하는데, 진정한 스토리텔링의 힘은 철저한 준비에서 출발한다. 이야기를 만들어내는 일은 혼자서 하는 작업이라고 생각하는 경우가 많다. 하지만 다른 모든 일이 그렇듯 이야기를 만드는 일도 혼자보다 다른 사람과 협업하면 훨씬 수월해진다. 물론 실제로 글을 쓰는 작업을 공동으로 하는 경우는 드물다. 그렇지만 아이디어를 공유하고 자료를 수집하고 정리하거나 써야 할 내용을 논의하는 협력자가 있다면, 쓰는 작업이 손쉬워지는 것은 당연하다.

다른 분야와 마찬가지로 실제 작업 이전의 모든 과정을 총칭하는 말이 '기획'이다. 영상 스토리텔링에도 기획이 필요하다. 주어진 테마나 소재가 있다면, 그것을 중심으로 어떻게 풀어갈 것인지에 대한 철저한 계획과 준비가 있어야 한다. 주어진 테마가 없을 경우도 크게 다르지 않다. 문득 스쳐 지나가는 혼자만의 아이디어를 즉흥적으로 풀어쓰는 것은 완성도에 한계가 있고, 그 완성조차 이루지 못하는 경우가 많다. 또한 '고슴도치도 제 새끼가 제일 곱다고 한다'는 말처럼 자신이 쓴 글에 정이 가는 것이 당연하기 때문에 단점을 스스로 찾아내기는 힘들다. 그런데 다른 사람과 의견을 교환하면 그런 맹점을 극복할 수가 있고, 혼자 하는 작업의 특성상 언제든지 쓰다가 막히면 포기하는 경우가 있는데, 이를 막을 수 있는 안정망이 된다.

영상 스토리텔링 기획에 필요한 인원은 2~3명이 적당하다. 인원이 많다고 다양하고 좋은 의견들이 모아지는 것도 아니고 너무 많은 인원이 개입하면 글을 쓰는 작업의 특성상 오히려 진척이 더딘 경우가 더 많다. '사공이 많으면 배가 산으로 간다'고 너무 의견들이 오가다 보면 통일된 하나의 방향을 찾아내기가 어려워진다. 게다가 실제로 글을 쓰게 될 사람의 부담도 커지고, 집필자를 제외한 다른 사람의 노동량이 적다고 느껴지면 팀웍도 깨질 수 있다. 자기는 글을 쓰느라 정신이 없는데 남들은 놀고 있는 것 같은 느낌을 받지 않기 위해서는 소수의 인원을 꾸리는 것이 좋다. 그리고 그 소수의 인원은 가급적이면 자신과 가까운 사람을 택하는 것이 좋다. 아무리 상대가 실력이 있다 하더라도 껄끄러운 관계라면 언제든지 그 팀은 쉽게 깨져버릴 수 있다. 서로의 의견 차이를 극복하고, 상대방의 생각을 존중해주고, 계산적이지 않은 작업 분담을 하기 위해서라도 친분이 있는 사람들과 팀을 꾸리는 게 좋다.

영상,
이미지화 된 메세지

소설은 글을 통해 인간의 상상력을 자극하지만, 영화는 상상한 것을 있는 그대로 시각적으로 재현한다는 점에서 보다 직접적인 반응을 이끌어낸다. 예전에는 소설에서나 가능했던 상상적 세계도 이제는 테크놀로지의 발달로 인해 얼마든지 시각적으로 구현하는 게 가능해졌으며, 덕분에 스토리텔러들의 상상력을 보다 구체적으로 재현해낼 수 있는 편리함이 생겼다.

20세기 초 발터 베냐민이 이미지의 과다생산을 이야기한 지 백년이 지났다. 현대인들은 영상 표현에 너무나도 익숙해져 있다. 태어나서부터 이미지를 통한 콘텐츠에 익숙해진 현대인들은 그만큼 이미지 자체에 의존하는 경향도 강하고 단순한 텍스트로 구성된 것보다는 이미지화된 메시지에 더 호의적인 반응을 보인다. 물론 그에 따른 부정적인 측면들이 회자되고 여기저기 우려 섞인 주장들이 제기되고는 있지만, 그렇다고 지금 와서 우리의 일상생활로부터 이미지를 차단하거나 멀리하기는 쉽지 않다. 갈수록 이미지에 대한 활용도와 의존도가 높아지고 있는 만큼 보다 긍정적인 차원에서 활용할 수 있는 방안을 모색하는 것이 필요하다.

문자가 무언가를 표현하듯 영상도 무언가를 표현한다는 점에서 영상도 하나의 언어라고 볼 수 있다. 또한 영상은 이미지 자체로써 의미를 전달하는 강력한 지시적 기능을 가지고 있다.

이처럼 영상은 다른 어떤 매체보다도 더 직접적으로 무언가를 전달할 수 있다는 점에서 명료한 전달적 기능을 가지고 있다. 하지만 그럼에도 불구하고 모든 영상들이 그 메시지를 정확히 전달하지는 못한다. 전달하고자 하는 의미가 분명히 드러나기 위해서는 각각의 이미지들이 전체적인 조화와 균형 속에서 질서를 이루며 적절한 역할을 해야 한다. 그러한 질서를 만들어내기 위해서는 사전에 치밀한 계획을 세우는 것이 중요하고, 그 계획을 어떻게 실현시켜 나갈 것인지에 대한 논의가 필요하다.

영화

영화는 여러 예술 분야의 특징들을 모아 하나의 작품을 이루는 종합예술이다. 문학과 미술, 음악, 연극, 사진 이외에도 여러 테크놀로지가 결합되어 한편의 영화가 만들어지는데, 일정한 상영시간 내에 하나의 이야기를 진행시키는 시간적 예술이기도 하다. 따라서 영화를 만들려는 사람이 각 해당 분야에 해박한 지식을 가지고 있으면 완성도는 더 높아질 수 있다.

영화 시나리오를 쓰려면 영화가 만들어지는 과정에 대해 알 필요가 있다. 작가가 글만 쓰면 됐지 그런 것까지 신경 쓸 필요가 있냐고 생각할 수도 있다. 하지만 시나리오는 소설과 다르다. 소설을 쓰는 일은 자기 자신과의 싸움이다. 즉 편집자가 내용에까지 간섭해서 스토리의 방향을 결정짓지는 않는다. 이에 반해 시나리오를 쓰는 일은 타인과의 싸움과도 같다. 흔히 말하는 '태클'이 여기저기에서 들어오기 때문이다. 이는 연극이든 드라마든 영화든 공통적으로 적용되는 부분이다. 연극에서는 내용뿐 아니라 대사까지도 배우들과 함께 만들어가는 것이 일반적이고, 드라마에서는 연출자와의 조율이 중요하고, 영화에서는 제작자의 의견까지 내용에 영향을 끼치는 일이 비일비재하다. 이미 수차례의 수정을 거쳐 완성된 시나리오라고 해도 막상 영화로 제작되는 과정에서 제작자나 연출자가 내용을 고치는 일이 한두 번이 아니다. 즉 대본은 작가 혼자서 쓰고 싶은 대로 쓸 수 없다는 말이다. 다른 사람들이 자기 글에 태클을 걸어오는 일이 기분 좋을 사람은 하나도 없다. 실제로 시나리오를 쓰다 보면 자존심 상하는 일을 수없이 겪게 된다. 하지만 자기주장만 끝까지 고집한다면 시나리오를 쓸 수 없을지도 모른다. 영화는 소설처럼 혼자서 만들어내는 것이 아니라 여러 분야의 협업을 통해 만들어지는 것이기에 인정할 수밖에 없다. 자기만의 이야기를 양보하지 않고 영화로 만들고 싶다면, 안타깝지만 자기가 쓴 작품의 제작과 연출은 물론 투자까지 혼자 다할 수밖에 없다. 일반적으로 영화를 제작하는 과정은 다음과 같은 절차를 통해 이루어진다.

첫 번째 단계는 영화로 만들어질 이야기의 아이디어를 떠올리는 과정이다. 이때 아이디어는 누군가의 독창적인 것일 수도 있지만 이미 소설이나 연극에서 작품으로 만들어진 소재를 가져다가 사용

영화 제작의 전체 과정

할 수도 있다. 이처럼 검증된 원작이 따로 존재하는 것을 영화로 만들 때는 그만큼 흥행 참패의 위험성이 덜하다는 장점이 있다. 독창적인 것이든 원작이 따로 있는 것이든 아이디어는 시놉시스로 다듬어지고, 이는 제작에 필요한 자금을 조달하기 위해 사용되거나 배우들을 캐스팅하는 자료로 사용된다.

두 번째 단계는 시나리오를 완성하는 과정이며, 이 부분이 영화를 만들기 위한 스토리텔링에 해당되는 부분이다. 시나리오를 처음 써보는 사람들은 마치 소설을 쓰듯 문학적인 표현들을 사용해 장면을 만들어가는 경우가 있는데, 가급적 시나리오는 영상이 어떻게 시각적으로 드러나는지를 고려해서 구체적으로 표현하는 것이 좋다. 시나리오를 만들기 전에 미리 트리트먼트를 만들어 영화의 흐름을 보여주는 일이 필요하고, 완성된 시나리오는 영화를 만드는 청사진, 혹은 설계도의 역할을 하는 것이기 때문에 장면의 흐름과 이야기의 흐름이 잘 드러나면 된다.

세 번째 단계는 촬영이 시작되기 전에 제작에 필요한 전반적 자금을 조달하는 과정이다. 투자자나 배급자, 그리고 각종 판권에 대한 권리까지 고려해서 계약을 체결하는 단계다. 자금을 투자하는 사람들은 영화를 하나의 상품적으로 판단하는 경향이 강하기 때문에 실제로 영화가 제작이 되었을 때 어느 정도 이윤을 거둘 수 있을지에 대한 기대가 판단의 기준이 된다. 따라서 상업성이 배제된 예술영화는 그만큼 자금조달에 어려움이 발생한다.

네 번째 사전제작의 단계는 실제 촬영을 위한 준비하는 과정이다. 실제로 제작진을 꾸리고 배우를 섭외하며 촬영할 장소를 헌팅하는 일까지 촬영에 필요한 계획을 세우는 작업이 여기에 포함된다.

다섯 번째 제작 단계에서는 실제 촬영이 이루어진다. 이때 촬영은 시나리오의 장면 순서대로만 이루어지지는 않는다. 때에 따라서 이야기의 후반부를 먼저 찍을 수도 있다. 그리고 편집할 때 보다 나은 것을 사용할 수 있도록 한 장면을 여러 번 반복해 촬영하기도 한다.

여섯 번째로 후반 제작은 음악을 입히고 편집하는 과정이다. 이러한 과정을 거쳐서 최종적으로 영화관에서 상영될 필름이 만들어지며, 이 과정에서 인상적인 장면들만을 따로 편집해서 예고편을 만들기도 한다.

마지막 일곱 번째는 완성된 작품을 홍보하는 일인데, 실제로는 영화가 완성되기 전부터 각종 매체들을 통해 영화에 대한 사전 홍보가 이루어진다. 최대한 많은 관객들의 관심을 이끌어낼 수 있도록 다양한 행사나 프로모션 활동을 진행함으로써 영화가 흥행을 거둘 수 있게 노력하는 과정이다. 시놉시스를 비롯해서 시나리오를 쓰는 방법에 대해서는 이미 설명을 했기 때문에 더 거론할 필요가 없을 듯하며, 영화를 만들기 위해 어떻게 신을 뽑아내야 하는지를 보도록 하자.

일반적으로 한 신의 길이는 1분 내외로 계산이 된다. 장면에 따라서 1분에 조금 못 미치는 것들도 있고, 1분이 넘어가는 것들도 있다는 것을 감안하면 러닝타임 120분짜리 영화는 보통 90~95신으로 이루어진다고 생각하면 된다. 초보자들은 그 많은 장면들을 어떻게 만들어낼까 덜컥 겁이 날지도 모른다. 하지만 플롯을 이미 만들어놓았다면 그걸 그냥 쪼개면 된다.

예를 들어 플롯을 끊어놓은 넘버링의 수가 15개라고 할 때 거기서 나올 수 있는 신의 수를 계산해보자. 신이 만들어지는 단위는 기본적으로 장소의 변화에 따른다. 그리고 플롯 하나에 장소가 적어도 다섯 번 정도 변한다. 그렇게 보았을 때 15개의 플롯에는 75번의 장소 변화가 나타난다. 그리고 각각의 플롯 사이에 연결신을 하나씩 넣어주면 14개의 신이 추가된다. 단순히 4명이 등장하는 이야기에서 89개의 신이 확보된 것이다. 그렇기 때문에 신이 모자라지 않을까 하는 걱정은 안 해도 된다. 오히려 신이 너무 많아지지 않을까 걱정하는 게 낫다.

실제로 적용을 해보도록 하자. 일단 플롯의 정리된 내용을 가져와서 장소별로 단위를 끊어야 한다. 한 플롯의 내용이 다음과 같다고 해보자. 그 위에 기호 '/'를 이용해 장소가 바뀌는 부분을 구분해보자.

플롯 내용

고조선이 쇠락하고 / 웅족이 남하하여 참성단이 있는 강화도(가비고지)로 향한다. / 하지만 그들의 정착은 그리 순탄치 않다. 토착 세력의 반발이 심상치 않았기 때문이다. / 웅족은 본래 모계 사회로 일찍부터 농경을 중심으로 생활을 해왔고 발달된 농경기술을 가지고 있었다. / 반면 부계 사회였던 토착세력은 아직 농사기술이 부족해 전문적인 경작지에 대한 생각은 할 수 없었다. / 부루족의 제사장은 화합을 강조하며, 반대 세력도 만족할 만한 네 가지 조건을 제시하며 웅족을 포용하려 한다.

위의 줄거리에서 기호 '/'는 총 6번 사용이 되었고, 각각의 끊어진 부분이 하나의 신이 될 수 있다. 그래서 위의 내용에서는 최소한 여섯 개의 신이 만들어질 수 있다. 그리고 세부적인 장소를 어떻게 잡느냐에 따라서 신이 더 많이 만들어질 수도 있다. '고조선이 쇠락하고'의 부분은 실제로 고조선이 쇠락하는 모습을 보여주어야 하는 하나의 장소 단위가 된다. 이어서 '웅족이 남하하여 … 향한다'의 부분은 웅족이 강화도로 가는 여정을 보여주는 장소 단위가 되며, 하나의 장소로 처리될 수도 있고, 여러 장소를 거쳐 이동하는 모습을 보여줄 수도 있다. '하지만 그들의 정착은 … 때문이다' 부분은 웅족의 강화도 도착부터 토착 세력이 반발하는 모습까지를 보여주는 부분이다. 하나의 장소로 처리할 수도 있지만 더 많은 장소의 단위로 처리할 수도 있다. 웅족이 강화도에 도착하는 부분과 토착세력의 반응을 다른 장소에서 처리할 수 있기 때문이고, 시간이 얼마나 지났느냐에 따라 계속 장소를 바꿔 보여줄 수 있기 때문이다. '웅족은 … 가지고 있었다' 부분에서는 웅족이 원래 살던 과거의 모습을 보여줘야 하며, 이 부분도 여러 장소로 처리가 가능하다. 이를테면 농사짓는 부분, 모계사회의 단면을 보여주는 부분을 각각 다른 장소로 처리할 수 있다는 말이다. '부계사회였던 … 할 수 없었다' 부분은 토착 세력이 웅족을 만나지 않았던 과거 시절의 모습을 보여주는 부분으로, 역시 여러 장소로 나누는 것이 가능하다. '부루족의 제사장은 … 포용하려 한다'는 부분도 하나 혹은 그 이상의 장소로 처리하는 것이 가능하다.

　이처럼 하나의 플롯 단위에서 정말 다섯 개의 신이 만들어질 수 있을까 걱정할 필요는 없다. 문제는 장소의 변화를 어떻게 부드럽게 만들어서 이어주는가에 달려 있다.

드라마

    드라마를 보면 가장 많이 등장하는 소재가 사랑에 관한 이야기다. 매번 반복되고 수없이 등장하는 사랑 이야기가 왜 그토록 계속해서 꾸준히 재생산되는지에 대해서는 한 번쯤 생각해볼 필요가 있다. 누군가는 이런 사랑 이야기를 진부하고 빤한 것이라고 이야기할 것이다. 하지만 그럼에도 불구하고 아직까지, 아니 앞으로도 사랑 이야기는 계속해서 드라마로 만들어질 것이다. 시대가 변하고 물리적인 삶의 형태가 아무리 변한다고 해도 인간의 원형적인 삶의 모습은 변하지 않는다. 누군가를 만나서 사랑을 하고 가족을 꾸리는 일이 그것이다. 또한 지역과 국가를 막론하고 사랑은 보편적인 소재이자 주제로 작용한다. 그렇기 때문에 사랑이라는 소재는 누구에게든 공감대를 형성할 수 있는 커다란 힘을 가지고 있다. 사랑 못지않게 많이 다뤄지는 게, 인간의 욕망이다. 욕망은 인간의 삶을 유지하고 발전시키는 원동력이면서 자칫 삶을 파멸의 길로 이끌 수도 있는 보편적인 소재다. 인기 있는 드라마들은 대부분 특별하고 신기한 소재가 아닌 이런 보편적인 소재들에 뿌리를 두고 있음을 기억하자. 영화가 관객 동원에 신경을 쓰고 있다면, 드라마는 철저하게 시청률과 연관되어 있다. 아무리 작품성 있는 드라마라고 해도 시청률이 나올 것 같지 않으면 제작되기 힘든 것이 현실이다. 그래서 그런 작품은 기획 단계에서부터 밀려나는 경우가 많다. 방송사 입장에서는 어떻게든 시청률을 높여야 광고 유치 경쟁에서 유리한 고지를 확보할 수 있기 때문이다. 스타 작가들이 환영을 받는 이유는 작품성은 차치하고 어쨌든 높은 시청률을 보장받을 수 있기 때문이다.

시청률이 높은 드라마의 소재는 아주 단순하고도 명쾌하다. 생각을 해야 하고, 온통 진지하기만 한 철학적이고 예술적인 소재는 그다지 환영 받지 못한다. 텔레비전이라는 매체는 스크린과 달리 폭넓은 연령층의 광범위한 시청자를 확보하고 있다. 때문에 깊은 사고를 요하는 철학적이고 예술적인 소재를 다뤘다가는 어렵고 지루하다는 이유로 외면당하기 십상이다. 드라마를 통해서 인생을 배우거나 돌이키려는 시청자는 없다. 다만 편하고 쉽게 즐기기 위해 텔레비전에 눈을 두는 것일 뿐이다. 직접적이고도 자극적인 표현의 드라마가 높은 시청률을 기록하는 이유다. 다양한 취향을 가진 여러 연령층의 시청자들의 눈을 잡아두기 위해서는 누구나 재미있게 볼 수 있어야 한다. 다시 말해 누구에게나 다 통할 수 있을 만한 보편적인 소재를 다루어야 한다는 말이다. 특정 연령층에 집중하거나 일부 사람들만이 공감할 수 있는 소재를 다루면서 높은 시청률을 바라는 것은 무리다. 물론 소수의 마니아를 형성하는 드라마들도 있지만, 드라마 작가는 결코 시청률로부터 자유로울 수 없다.

이때 보편적인 소재라고 하는 것은 카를 구스타프 융이 말한 '원형archetype'이라는 말과 관계가 있다. 융에 의하면 원형이란 시대나 문화를 초월해 인류의 무의식 속에 보편적으로 존재하는 심상이나 주제를 뜻한다. 사랑이나 배신 같은 것들은 시대와 문화를 초월해 누구나 가지고 있는 인간의 보편적인 주제이기 때문에 작품의 소재로 가장 많이 활용될 수 있는 것이다. 그런데 보편적인 소재를 가지고 있다고 해서 반드시 그 작품이 모든 사람에게 공감대를 형성할 수 있는 것은 아니다. 같은 주제를 놓고도 해석을 달리하는 사람들이 있기 때문에 그것이 항상 모든 사람들에게 항상 같은 반응을 이끌어내는 것은 아니다. 그래서 작가에게는 삶과 인간에 대한 진지한 성찰과 공부가 필요하다. 거기서 딱히 족집게 같은 공부 방법은 없다. 다만 많은 독서를 하고 많은 경험을 쌓는 것이 '정도正道'라고 말할 수 있다. 사람은 아는 만큼 볼 수 있고, 보았던 것만큼 상상할 수 있는 법이다.

드라마는 영화와 달리 호흡이 길다. 물론 단막극의 형식도 있지만, 일반적인 드라마들은 전체 방영 기간이 길기 때문에 한번 시작하면 이야기가 다 끝날 때까지 상영이 되는 영화와는 다를 수밖에 없다. 모두가 이 같은 사실을 잘 알고는 있다. 그래서 초보자들이 드라마 형식의 스토리텔링에서 쉽게 범하는 실수가 있다. 이를테면 숲을 보느라 나무는 보지 못하는 실수이다. 즉 드라마 전체의 스토리에만 신경을 쓴 나머지 드라마 자체가 작은 단위의 회수로 나뉘어 있다는 사실을 잊는 것이다. 각각의 회차에 해당되는 방송분도 그 자체로 완결성이 있어야 한다.

영화의 구조가 하나로 쭉 연결되어 있다면, 드라마의 그것은 여러 단위로 쪼개져 있다. 이는 웹툰 또한 마찬가지다. 하나의 완성된 스토리를 그냥 몇 회로 쪼개놓았다고 드라마가 되는 게 아니다. 오히려 그 반대로 생각하는 것이 맞다. 완결성을 지닌 각각의 회차가 모여 하나의 전체 이야기를 완성하는 것이다. 전체를 놓고 보았을 때도 갈등의 해소가 드러나야 하지만, 각 회차분 단위에도 일정한 긴장과 갈등의 고조가 있어야 한다. 그런 장치가 없으면 다음 회에서 벌어질 내용을 기대한다거나 궁금해 할 일이 없어져 자연스레 다음 방송분의 시청률은 하락할 수밖에 없다. 관객이 있어야 영화가 있듯 시청자가 있어야 드라마가 있는 법이다. 그래서 작가는 항상 매회 방송분마다 다음 방송분까지 시청자의 눈을 붙잡아놓을 장치를 만들어야 한다. 물론 좋은 작품을 쓰려는 의지가 나쁘다는 말은 아니다. 다만 드라마는 영화보다 더 상업성이 강한 장르라고 생

영화와 드라마(웹툰)의 스토리 전개 구조

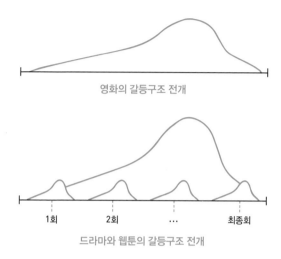

영화의 갈등구조 전개

1회   2회   …   최종회
드라마와 웹툰의 갈등구조 전개

각하면 된다. 자신이 만족할 만한 작품을 만들고자 하는 것은 모든 작가들의 공통된 희망사항이다. 하지만 일반대중은 작품성보다는 재미나 흥미 자체에 더 집중한다. 그리고 그런 대중들을 상대로 만들어지는 것이 드라마다.

드라마와 같은 대중문화 상품은 대중에게 초점을 맞춰야 하는 것이지 작가에게 초점을 맞추는 것이 아니다. 따라서 작가의 의도가 시청자들에게 즉각적으로 눈에 보이지 않으면 드라마의 값어치가 떨어진다. 예술은 작품이 의미하는 바가 무엇인지를 관객 스스로가 추론하는 과정에서 느끼는 쾌감이 큰 몫을 한다. 하지만 드라마나 웹툰 같은 상품은 그 의미가 숨겨져 있으면 안 된다. 그 자체로 드러나 확실하게 구매자의 눈길을 끌 수 있어야 하는 상품이다.

드라마를 보는 일반 시청자들은 작가 정신을 파헤칠 만큼 예술적 감각이 뛰어난 사람들이 아니다. 물론 개중에는 뛰어난 안목과 지식을 가지고 훌륭한 분석을 내리는 사람도 있다. 하지만 앞서 말했듯 드라마는 다양한 계층의 사람들에 의해 소비되는 상품이라는 것을 명심해야 한다. 그 소비자들이 모두 탁월한 안목을 지니고 있을 수는 없다. 오히려 지적인 소비자들은 소수에 불과할지도 모른다. 일반 대중들을 무시해서는 안 되지만 그렇다고 과대평가해서도 안 된다. 예술가가 소수이듯 고차원적인 예술을 이해할 수 있는 대중들도 많지 않다.

간혹 '막장'이라 불리는 드라마를 볼 수 있다. 그런 드라마를 쓴 작가에 대해서는 적지 않은 비난이 쏟아지곤 한다. 하지만 그렇게 비판 일색인 드라마가 시청률은 이상하리만치 높게 나오는 경우도 적지 않다. 대중들이 작품성에는 큰 관심이 없다는 뜻이다. 욕을 먹기는 하지만 높은 시청률의 보장하는 작가와 작가정신은 있지만 시청률이 바닥인 작가 중 어느 쪽 드라마가 더 잘 팔릴지는 뻔한 일이다. 요즘은 기존의 지상파 방송에 종합편성 채널까지 가세하여 드라마 시장이 더더욱 넓어졌다. 그리고 시청률 확보의 경쟁은 더욱 치열해지고 있으며 그만큼 어려운 환경 속에서 살아남기 위해서는 상품성의 확보가 절실해질 수밖에 없다. 욕을 먹어도 시청률만 올리면 된다는 말이 아니다. 상품성은 물론 작품성을 지닌 드라마들도 다수 존재한다. 다만 드라마가 상품이라는 것을 기억하고, 그것이 잘 팔리려면 어떤 형식으로 만들어져야 하는가를 고려해 스토리텔링에 임해야 한다는 것이다.

웹드라마

웹드라마는 기본적으로 드라마와 동일하다. 다만 웹을 통해 접할 수 있는 콘텐츠라는 점에서 일반 드라마에 비해 그 소비층이 젊다고 보면 된다. 웹드라마는 주로 모바일을 통해 서비스가 되는데 이러한 콘텐츠를 '스낵 컬처'라고 부른다. 스낵을 먹듯 간편하게 즐길 수 있는 문화 콘텐츠라는 뜻이다. 어디서나 쉽게 접할 수 있다는 점 때문에 콘텐츠로서 높은 가치를 갖고 있었지만, 사실 국내에 첫 선을 보였던 웹드라마의 형태는 대부분 기업의 상품이나 지역을 홍보할 목적에서 만들어진 것이 대부분이었다. 그러다 보니 스토리보다는 상품이나 배경 홍보에 치중하면서 콘텐츠가 제대로 힘을 발휘하지 못한 것도 사실이다. 더구나 저예산을 가지고 웹드라마를 만들다 보니 연기나 연출도 기대에 못 미치는 작품들이 많았다.

그런데 2015년에 〈우리 옆집에 엑소가 산다〉라는 16부작 웹드라마가 만들어졌다. 연애를 드라마로만 배운 모태솔로 여주인공 옆집에 아이돌 엑소가 이사를 오면서 벌어지는 사건들을 담은 로맨틱 코미디였다. 출연료를 고려해 무명의 배우를 기용하던 기존의 방식 대신 익히 이름이 알려진 인기 아이돌을 출연시켰다는 점은 일종의 모험이었지만, 우려를 깨고 이 콘텐츠는 웹드라마 최초로 조회수 1,000만 건을 기록했다. 작품성은 걱정할 필요가 없었다. 스낵 컬처의 특성상 내용은 그냥 심심풀이로 가볍게 즐길 수 있으면 충분했기 때문이다. 어쨌든 웹드라마도 충분한 상품적 가치를 갖는다는 사실이 입증되면서 이후 수많은 웹드라마들이 제작되었고, 초창기의 홍보 형식에 그쳤던 것과 달리 다양한 주제와 소재를 가진 작품들이 제작되었다. 웹드라마는 일반 드라마에 비해 스토리가 단순하게 구성되는 특징을 보인다. 소수의 인물을 중심으로 짧은 에피소드 방식의 서사가 대부분이다. 웹드라마는 긴 서사를 통해 무거운 주제를 다루기보다 짧은 시간 내에 간단하게 즐길 수 있는 스토리를 필요로 한다. 이것이 바로 스낵 컬처의 특징이다. 또한 웹드라마는 원소스 멀티유즈의 적용이 손쉬운 분야이기 때문에 웹툰이나 웹소설과의 연계를 통해 꾸준히 그 시장을 넓혀가고 있다.

웹드라마는 일반 드라마에 비해 러닝타임이 매우 짧다. 적게는 1분도 안 되는 작품부터 길게는 10분 내외의 길이로 만들어진다. 평균적으로는 한 편당 3분 정도라고 보면 된다. 한 신을 1분으로 계산했을 때 한 회차에는 기본적으로 3개 정도의 신이 필요한 셈이다. 하지만 복잡한 서사도 필요 없고 신 수도 적어서 쉽게 만들 수 있을 것이라 생각하면 오산이다. 3개의 신 안에서 스토리를 진행시키는 일은 생각보다 어렵다. 실제로 대본을 작성해보면 짧은 시간 내에 정확히 내용이 전달될 수 있도록 스토리를 풀어내는 일이 만만치 않다는 걸 알게 된다. 시간의 제약이 생각보다 크게 다가오기 때문이다. 웹드라마의 내용이 단순하고 간단한 소재를 주로 다루는 데는 그만한 이유가 있다.

일반적인 드라마를 소설이라고 한다면 웹드라마는 시라고 볼 수 있다. 과감한 생략이나 함축을 통해 메시지를 전달한다. 생각을 통해 이해를 하는 것이 아니라 보는 즉시 직관적으로 알 수 있어야 한다. 그래서 웹드라마는 새로운 이야기를 전달하기보다는 공감의 코드를 많이 사용한다. 누구나 한 번은 겪었을 법한 에피소드를 보여주면서 불필요한 서사 라인을 제거한다.

그게 아니면 말도 안 되는 엽기적인 이야기나 황당무계한 막장 스토리를 풀어놓음으로써 논리적인 구조의 필요성을 애초에 제거해버리는 경우도 있다. 군이 이해할 필요 없이 아무 생각 없이 보게 만드는 방법이다. 웹드라마는 간편하게 즐기는 콘텐츠다. 작가적 양심과 자존심을 꺾을 수 없다면 웹드라마를 쓰겠다는 생각을 접는 게 좋다. 그렇지 않으면 자괴감에 시달려야 할 일이 굉장히 많을 것이다. 다른 분야도 그렇지만 웹드라마는 철저하게 상품성에 목적을 두고 만들어진다. 그래서 작가의 의도보다는 웹드라마 소비자들의 요구를 반영하는 일이 더 중요하다. 처음부터 끝까지 조회수가 제일 중요하다. 우리나라 시장만을 놓고 보면 웹드라마는 일정한 한계를 갖는다. 인구수가 적기 때문에 많은 조회수를 기록하기란 쉽지 않다. 그럼에도 불구하고 대기업들이 웹드라마 시장에 뛰어드는 데는 그만한 이유가 있다. 텔레비전이 아닌 웹을 통해 시청한다는 점에서 다양한 디바이스와의 연계가 가능하고, 이는 또 하나의 한류 콘텐츠로서 중국처럼 인구가 많은 해외 시장을 겨냥할 수 있는 좋은 루트가 되기 때문이다.

실습문제

Q. 3분 기준 10부작 웹드라마에 맞는 소재와 주제를 정리해보자.

소재

주제

Q. 캐릭터를 구성해보자.

남자 주인공	여자 주인공	조연1	조연2

Q. 사건을 구성해보자.

Q. 배경을 설정해보자.

Q. 관계도를 그리고 플롯을 설정해보자.

Q. 플롯의 내용을 대본으로 옮겨보자.

광고

　현대는 '소비사회'이다. 당연히 소비자들을 대상으로 한 광고가 끊임없이 만들어진다. 또한 다양한 매체의 발달과 더불어 알아채지 못하는 순간에도 수많은 방식으로 우리는 광고에 노출되고 있다. 누구나 하나쯤 외워서 따라 부를 수 있는 광고음악이 있을 것이다. 그만큼 우리는 일상생활에서 수많은 광고에 노출되어 있고, 그것들은 무의식중에 우리의 뇌리에 깊이 새겨진다. 넘쳐나는 광고 때문에 짜증스러운 경우가 대부분이다. 하지만 그런 광고의 홍수 속에서도 그나마 재미있게, 혹은 인상 깊게 본 광고들이 있을 것이다. 일단 잘 만든 광고는 호기심을 자극하고, 인상에 깊이 남을수록 광고의 효과는 극대화된다. 즉 광고를 판단하는 기준은 광고의 효과 자체에 포인트가 있다고 해도 무방하다. 광고는 의도적으로 상품을 판매하기 위해 만들어진 것이라는 점에서 다른 예술적 창작물들과는 그 탄생의 배경이 완전히 다르다. 다시 말해 광고를 만든 창작자는 자신만의 예술적이 사상이나 가치관을 표현하기 위해 광고를 만들지 않는다. 오로지 광고주가 원하는 목적에 부합하는 범위 안에서의 창작이 있을 뿐이다. 결국 광고는 메시지의 조작을 통해 소비자를 설득하고 행동을 유발시키려는 목적에 그 존재 이유가 있다.

원래 광고의 어원은 라틴어 'advertere'다. advertere는 '~으로 향하게 하다' 또는 '주의를 돌리다'라는 의미를 담고 있다. 그래서 광고는 '사람들의 관심을 끌어 그들에게 무언가를 알리기 위한 행위'라고 볼 수 있다. 이때 그러한 정보전달 활동이 무료냐 유료냐에 따라 흔히 말하는 일반적인 광고와 선전propaganda을 구분된다.

광고와 매체 커뮤니케이션

소비자와 광고주 사이에서 이루어지는 유료 커뮤니케이션 광고는 상업적인 목적을 달성하기 위해 만들어지고 반드시 그런 커뮤니케이션을 이룰 수 있는 매체를 필요로 한다. 매체를 통해 소비자를 설득하기 위해서는 사람들의 이성이나 감성을 공략 대상으로 삼아야 하고, 이런 전략은 일련의 기호 체계를 통해 소비자에게 전달된다. 광고의 커뮤니케이션은 쌍방향의 흐름을 갖지 않는다. 일방적인 방향의 커뮤니케이션에 의해 소비자들은 광고가 가진 의미를 그저 받아들이기만 할 따름이다. 따라서 광고를 통해 판단을 내리고 제품을 선택하는 것은 상호 커뮤니케이션을 통해 결정되는 것이 아니라, 오로지 최종 단계에 있는 소비자의 결정에 달려 있는 것이다.

광고는 구텐베르크가 활자를 발명한 이후로 크게 성장한다. 인쇄술의 발달로 인해 다수의 대중들에게 영향을 끼칠 수 있는 매체가 탄생했기 때문이다. 광고는 신문이나 잡지 같은 인쇄 매체를 통해 영역을 확장, 발전시켜 나갔으며, 그 후 라디오와 텔레비전이 생겨나면서 새로운 형태의 전달력을 가진 미디어 광고가 등장하게 된다. 현재는 수많은 형태의 매체가 존재하며, 그 존재하는 모든 매체가 모두 광고의 수단으로 활용되고 있다 해도 과언이 아니다. 거리 어느 곳에서든 광고를 접할 수 있다. 이제 광고가 없는 공간은 없다고 해도 무방할 정도이다. 이처럼 기하급수적으로 늘어난 광고 덕분에 경쟁은 더욱더 치열해졌고 현대의 광고는 예전의 것에 비해 훨씬 더 복잡하고 다양해졌다. 광고 제작자들은 경쟁에서 앞서기 위해 소비자에 대한 심층적인 조사와 연구를 해야만 했고, 그에 따른 전략도 더욱 치밀해질 수밖에 없었다. 하지만 그렇다고 해서 꼭 좋은 광고가 탄생하는 것은 아니다. 광고를 결정짓는 것은 아이디어다. 그래서 광고에서도 스토리텔링은 없어서는 안 될 중요한 요소로 작용한다.

감성적 마케팅이 힘을 발휘하는 요즘, 이제 광고는 창의성을 발휘할 수 있는 또 하나의 분야로 여겨진다. 그리고 하나의 예술로서 인정받기도 한다. 다시 말해 광고는 구매를 유도한다는 일정한 목적을 달성하기 위해 창의적인 아이디어를 가지고 과학적인 방법을 사용해 예술적으로 표현되는 분야라고 할 수 있다. 하지만 광고는 어디까지나 기업이 팔고자 하는 상품과 브랜드에 소비자가 관심을 갖게 만드는 것이다. 그래서 광고의 본질은 늘 그 목적성과 결부되어 있다. 기호학에서 말하는 기호는 기표와 기의로 구성된다. 기표는 의미 전달의 표면적이고 형태적인 것이고, 기의는 그것에 담긴 내용물이다.

기호의 구성

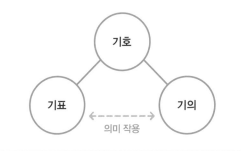

위의 그림에서 보듯 기호는 '기표＋기의'의 관계로 이루어져 있는데 이때 기표와 기의 간에 일어나는 것이 '의미 작용'이다. 커뮤니케이션 상황에서 기호를 만드는 사람은 의미 작용을 통해 기호를 생산하고 기호를 받는 사람 역시 의미작용을 통해 기호를 해석하는 것이다. 이러한 도식을 광고에 대입해보면 다음과 같이 변환하는

광고의 커뮤니케이션

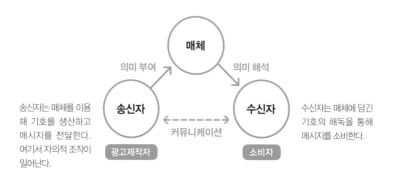

것이 가능하다.

위 도식에서 볼 수 있듯 광고 제작자는 일련의 기호들을 생산하고 메시지를 담게 되는데, 그 상황에서 반드시 자의적인 조작이 들어가게 마련이다. 바로 그러한 조작들을 통해 제작자는 자신이 목표로 했던 것을 이루어내려 한다. 그런데 매체를 통해 메시지를 전달받는 사람은 그 조작을 알아차리지 못한다. 다만 자신들에게 주어진 이미지를 소비할 따름이다. 광고 제작자가 자신의 의지에 따라 소비자를 움직이도록 하는 방법이 독특하고 창의적이어서 목적을 달성했을 때 그 광고는 성공한 작업이 된다. 아무리 예술적인 광고라 해도 목표를 이루기 위한 조작이 제대로 작동하지 않으면 실패한 광고로 남게 된다.

광고의 전략

현대의 광고는 스토리텔링적 요소가 매우 강하다. 모든 영상이 감상의 대상이 된 요즘, 소비자들은 감성을 자극하는 광고를 만들어야만 상품에 대한 기억력을 지속시킬 수 있다. 따라서 단순히 제품 설명에 그치는 광고는 영상세대의 소비자들에게 어필하기 힘들고 당연히 별다른 효과도 거두지 못한다. 아무리 논리적으로 설득한다고 해도 그것이 바로 소비자들의 구매 행위로 이어지기는 힘들다. 그리고 광고를 위한 스토리텔링은 다른 영상 스토리텔링에 비해 짧은 시간 내에 이야기를 전달해야 한다. 15초의 미학이라는 이야기가 괜히 나오는 게 아니다. 일반적인 영상 스토리텔링과는 다르게 광고의 서사는 함축적 방법으로 전달되는 것이 대부분이다. 그래서 과감한 생략과 비약이 존재한다. 엄격한 시간관리가 필요하기 때문이다.

어쨌든 최근의 광고는 이야기를 담고 있는 것이 대세다. 광고의 목적을 달성하기 위해서는 소비자들의 오감을 만족시킬 수 있는 독창적이면서도 인상적인 광고를 만들어내야 한다. 스토리텔링의 요소는 이야기를 통해 소비자의 무의식에 상품이나 기업에 대한 호기심과 구매욕을 심어준다. 그것을 지속시킬 수 있는 힘은 얼마나 스토리텔링이 잘 이루어졌느냐에 달려 있다. 소비자들의 감성을 정확히 짚어내 그것을 한 편의 이야기로 전개시키면 깊은 인상을 남길 수 있기 때문이다.

SK 텔레콤 광고 〈첫 출근〉

위의 예는 SK텔레콤의 '첫 출근'이라는 광고며, 영상에 내레이
션을 덧씌운 형태다. 영상은 첫 출근을 한 신입사원의 평범한 일과
를 보여준다. 누구나 그렇듯 새로운 환경에 익숙해지기까지는 시간

이 걸린다. 하지만 처음부터 모든 것을 알려주며 일일이 챙겨주는 사람은 없다. 모두가 각자의 일이 있기 때문이다. 그러다 보면 실수도 하게 되고, 무엇을 해야 할지 몰라 손 놓고 눈치만 보는 일도 생긴다. 그런 시간이 길어질수록 자신감과 의욕은 떨어지고 혼자라는 생각도 들게 된다.

광고의 배경으로 깔리는 내레이션의 주인공은 신입사원 아버지의 목소리다. 이미 사회생활을 경험한 아버지는 딸의 첫 출근 모습이 어떠할지 다 알고 있고, 그런 딸이 용기를 잃지 않도록 독려하고 있다. 지금의 인생은 혼자 걸어온 게 아니며, 도움을 주고 용기를 주는 누군가와 함께해왔고 또 앞으로도 그럴 것이라는 내용이 핵심이다. 이 조언은 '개방과 협력을 통한 New ICT 생태계의 창조'라는 미래지향적 기업 모토와 연결이 되며, 주인공이 회사에 잘 적응해 나가는 모습과 어우러져 나타난다. 그리고 주인공의 밝은 퇴근 모습과 더불어 마지막으로 제시되는 'See You Tomorrow'라는 카피는 밝은 내일을 향해 함께 가자는 기업의 따뜻한 인사말처럼 들린다.

기업의 모토를 직접적으로 제시하지 않고 신입사원의 모습을 끌어온 점은 새로운 시작에 대한 설렘과 두려움이 교차되는 감성적 포인트를 확보하게 만들었다. 그리고 그것이 혼자 헤쳐 나가는 것이 아니라 누군가와 함께 손잡고 가는 상생의 길이라는 의미와 결합됨으로써 기업의 모토는 뚜렷해진다. 이처럼 직접적 설명이 아닌 일련의 스토리를 통해 표현된 의미들은 감성적인 호소를 이끌어내며 의식 속에 보다 깊이 각인되는 효과를 낳게 된다.

광고에서의 전략은 광고주의 목적에 맞게끔 광고 제작자가 만든 계획을 말하는데, 어떻게 표현할 것인지를 고민하는 것이 전부는 아니다. 일반적으로 매체에 대한 전략과 표현에 대한 전략으로 나누어볼 수 있다. 매체 전략은 어떠한 매체를 사용하여 광고의 효과를 극대화할 것인지를 구상하는 것이며, 표현 전략은 효과를 극대화하기 위해 어떤 방식의 표현을 사용할지 모색하는 것이다. 이러한 광고 전략은 목적의 결정, 시장의 선택, 제재의 선택, 매체의 선택, 예산 추정과 마케팅의 순으로 이루어진다.

광고가 소비자에게 어필하는 활동을 일컬어 '소구訴求'라고 한다. 이러한 소구의 방법은 크게 감성적 소구와 이성적 소구의 두 가지로 나누어볼 수 있다. 감성적 소구는 소비자의 정서적인 측면에 호소를 하는 방법이고, 이성적 소구는 소비자의 논리적이고 이성적인 측면에 호소를 하는 방법이다. 각각의 소구법이 다른 효과를 갖는 만큼 어떤 방법을 택해 광고를 만들어야 하는가에 대해서는 먼저 팔고자 하는 상품이 무엇인가를 잘 고려해야 한다. 대체로 예전의 광고들은 제품의 상세한 정보를 위주로 해서 제품 자체에 광고의 초점을 맞추는 소구법을 사용해왔다. 그래서 소비자들을 이성적으로 설득하기 위한 표현에 치중하는 측면이 강했다. 하지만 요즘의 광고는 제품의 세부적 내용들에 초점을 두기보다 제품 자체의 이미지를 각인시키는데 더 신경을 쓰고 있다. 그만큼 이성적 소구보다는 감성적 소구가 훨씬 강조되고 있는 상황이다.

이미지와 광고

최근 기업들은 너나 할 것 없이 브랜드 이미지 제고에 열을 올리고 있다. 최근의 광고가 이미지에 치중되어 있는 것도 바로 브랜드 이미지 때문이다. 일단 브랜드에 대한 신뢰가 소비자들에게 각인이 되면, 어떤 제품이 출시되느냐와 상관없이 충성스러운 소비자들이 그 기업의 제품을 소비하게 된다. 특정한 브랜드에 대한 소비자의 충성도는 제품의 질과 직결된다기보다 브랜드의 이미지와 직결된다는 말이다.

현대 자본주의 사회에서 브랜드가 형성이 되고 이미지가 굳어지면, 그것은 소비자들 사이에 계급을 구별짓는 요소로도 작용할 만큼 기업의 브랜드 이미지는 매우 중요하다. 제품 자체에 달려 있는 브랜드는 구매력을 대변하고, 구매력은 그 사회에서 자신이 속한 계급을 드러낼 수 있는 중요한 요소로 작용하기 때문이다. 결국 소비자는 제품을 소비하는 것이 아니라 이미지를 소비하는 셈이다. 그래서 기업의 이미지를 각인시키는 일은 상품 자체의 홍보보다도 더 중요한 일이 되어 가고 있다.

부정적인 측면에서 보면, 브랜드 소비라는 사회·경제적인 규정은 소비와 상품 사이의 관계로 드러난다. 그러한 소비를 통해서 드러나는 사람들 간의 차이는 서로 인식되고, 구별되고, 평가된다. 그래서 주변의 사람들이 고가의 브랜드를 소비하는 것을 보면 상대적으로 박탈감 내지는 소외감을 느끼기도 한다. 그로 인해 더더욱 소비욕은 자극되고 일명 '짝퉁'이라고 불리는 복제품도 다수 등장한다. 명품은 브랜드에서 출발하고, 그 브랜드는 이미지에서 출발한다. 따라서 명품 광고는 결코 상품 자체에 대해 설명하지 않는다. 다만 그것을 소유하는 사람이 어떤지를 알려줄 뿐이다. '이 차를 타는 사람은 대한민국 1%'이고 '이 화장품을 사용하면 이 시대의 여왕'이 될 수 있으며 '이 아파트에 살게 되면 이 사회의 귀족적 문화를 누릴 수 있게 될 것'이다. '이 담배를 피우는 사람은 시대를 이끌고 가는 리더가 될 수 있'으며 '이 신용카드를 사용하면 품위 있는 사람'으로 비칠 것이라고 호소하는 식이다.

광고와 스토리텔링

예전의 비즈니스는 만들어진 물건을 그냥 잘 팔면 그만이었다. 그래서 홍보란 것도 단순히 만들어진 상품의 광고에 불과했다. 하지만 오늘날의 광고는 단순한 상품의 기능과 세부내용에 대한 광고로 끝나지 않는다. 기업 자체를 홍보하거나 제품의 상세한 내용을 홍보하기보다는 제품의 이미지를 스토리텔링으로 만들어내고 있다. 현대의 소비자들은 상품 자체를 소비하는 것이 아니라 이미지를 소비하고 있기 때문이다. 이때 가장 크게 작용하는 것이 바로 스토리텔링의 힘이다.

　광고에 있어서 스토리텔링이 무엇인가를 단적으로 보여주는 영화가 있다. 〈왓 위민 원트What Women Want〉라는 영화의 주인공은 광고 업체의 기획자다. 그는 새롭게 스카우트 된 여자 주인공과 광고 기획자의 자리를 놓고 경쟁을 벌이다가 나이키라는 브랜드의 광고를 만들어낸다. 광고의 내용은 신발의 편의성이나 디자인이나 가격에 대한 것이 아니다. 영화 속에서 제시되는 광고는 나이키 신발과 운동복을 착용한 여성이 조용한 길을 따라 혼자서 조깅하는 모습을 보여준다. 그리고 주인공은 그 옆에서 다음과 같은 광고 카피를 들려준다.

　　달리기 전에는 거울 앞에 서보지 않듯이
　　당신이 어떤 조깅복을 입었든 길은 전혀 신경 쓰지 않습니다.
　　섹시한 복장으로는 뛰기가 불편하겠죠.
　　길은 당신이 립스틱을 했는지 몇 살인지 신경 쓰지 않습니다.
　　당신이 남자보다 더 번다고 고민할 필요도 없고,
　　원할 때면 언제든지 길을 찾습니다.
　　데이트한지 하루가 지났든 몇 시간이 지났든 상관이 없죠.
　　길이 신경 쓰는 것은 오직, 당신이 이따금 찾아와 준다는 것.

　　"No Games, Just Sports"‐Nike

광고의 핵심은 신발이나 운동복 자체의 기능적 홍보에 있지 않다. 나이키라는 브랜드의 이미지 구축에 맞춰져 있다. 이 대목을 보는 순간 영화 속이 아닌 현실 속 광고들도 그와 유사한 방식을 취하고 있다는 것을 알게 된다. 이러한 방식의 광고를 늘 접하는 사람들에게 스토리텔링이 무엇인지 구구절절 설명할 필요는 없다.

또 한 예로, 캐논 카메라의 광고를 들 수 있다. 캐논 DSLR 카메라는 타사 제품에 비해 무겁다는 평가를 받아왔다. 자사의 단점을 극복하고, 가볍고 간편한 휴대성을 요구하는 소비자들을 사로잡기 위해 광고는 소중히 다루는 것들을 등장시키고 그들의 무게를 거론한다. 아끼는 가방이나 좋아하는 화가의 화집, 귀여운 강아지, 그리고 사랑스러운 아이들, 그들을 들었을 때의 무게를 사랑으로 치환시키는 전략을 사용한 것이다.

> DSLR은 무겁다?
> 무거우신가요?
> 이들을 안을 때 우리는 무겁다 말하지 않습니다.
> 사랑하니까요.
> 사랑하는 이들을 가장 아름답게 담아줄 감동의 무게에 비하면
> DSLR은 무겁지 않습니다.

단순히 종합적 성능을 비교함으로써 다른 장점을 부각시키는 방

캐논 광고 〈DSLR은 무겁다?〉

법이 아니라, 사랑하는 아이들을 안을 때 느끼는 무게감을 카메라의 무게에 비유하면서 제품의 이미지를 확실하게 부각시켰던 이 광고 역시 스토리텔링의 훌륭한 사례다. 이처럼 스토리텔링은 제품의 광고를 감동의 영역으로까지 끌어올림으로써 보는 이에게 그 제품의 이미지에 대한 호감도를 높이는 역할을 하고 있다.

기업 자체의 이미지를 높임으로써 자신들이 만들어내는 제품을 꾸준히 소비하게끔 만들려는 의도가 스토리텔링에 의해 만들어졌다.

상품 자체를 직접 홍보할 수 없는 KT&G의 광고가 대표적인 경우다. 담배 자체를 광고할 수 없기 때문에 기업을 알리기 위해서는 이미지 홍보를 선택할 수밖에 없고, 이미지 홍보에서 가장 큰 역할을 하는 것은 스토리텔링이다. 상상마당의 운영은 문화·예술 방면에 투자를 함으로써 기업의 사회적 책임이라는 역할의 수행에 대한 이미지를 높임과 동시에 담배를 생산해 파는 기업의 부정적인 이미지를 개선하는 역할을 한다. 그러한 스토리텔링은 'Korea Tobacco & Ginseng'이 아니라 'Korea Tomorrow & Global'이라는 새로운 기업의 이미지를 구축하는데 힘을 실어주었다.

현대인들의 소비는 단순히 제품의 기능적 요소에 맞춰져 있는 것이 아니기 때문에, 기업들은 소비자들의 구매심리를 자극하는 여러 방법들을 동원하고 있다. 그 가운데 스토리텔링은 기업의 비즈니스에 있어 핵심적인 방법으로 자리 잡았다. 재미와 감동을 줌과 동시에 이미지를 각인시키는 힘을 바로 스토리텔링이 가지고 있기 때문이다.

실습문제

Q. 스토리텔링 기법을 활용해 여러분이 가진 물건의 15초짜리 광고를 만들어보자.

6장

비선형적
스토리텔링

전통적 서사 방식을 따르지 않는 스토리텔링도 있다. 갈수록 스토리텔링의 개념이 광범위하게 적용되고 있기 때문이다. 그 변화는 아날로그 시대를 탈피하면서부터 가속화되었다. 디지털 기술은 끊임없이 발전하고 있으며 그 끝을 짐작하기 어려울 만큼 나날이 변화하고 있다. 그 변화와 더불어 새롭게 적용될 수 있는 스토리텔링의 요구와 수요도 마찬가지로 꾸준히 증가하게 될 것이다. 스토리텔링을 통해 콘텐츠를 만들려는 이들에게 그만큼 기회와 가능성은 충분히 열려 있다.

디지털 스토리텔링

일반적으로 스토리텔링이란 단어 자체의 의미를 간단명료하게 설명하기 어렵기 때문에 디지털 스토리텔링이란 말의 의미에 대해서도 쉽게 이해하지 못하는 사람들이 많다. 흔히 '컴퓨터를 이용한 스토리텔링이 아닌가?' 라고 생각하는 경우가 있는데, 컴퓨터뿐만 아니라 다양한 디지털 기술을 이용한 스토리텔링을 모두 디지털 스토리텔링이라고 보면 된다. 디지털 기술 자체가 환경이 될 수도, 표현의 수단이 될 수도 있다. 이는 디지털 인터랙티브 스토리텔링Digital Interactive Storytelling과 디지털 리니어 스토리텔링Digital Linear Storytelling으로 보다 세분화 될 수 있다. 전자는 상호작용을 중심으로 한 스토리텔링을 말하며, 후자는 미디어를 통해 일방적으로 이야기를 전달하는 스토리텔링을 말한다. 대표적 예로 게임과 애니메이션을 들 수 있다. 게임이 사용자의 상호작용에 따라 서로 다른 결과물을 양산할 수 있다는 점에서 복잡한 서사 구조를 지닌다고 한다면, 애니메이션은 보다 고전적이고 단순한 선형적 서사 구조를 지니고 있다.

현대인은 수많은 디지털 기기들을 사용하고 그 콘텐츠를 활용하고 있다. 이제 아날로그의 활용은 마치 앤틱antique 제품을 수집하는 차원이 될 정도로 향수 어린 문화가 되어버렸다. 멀티미디어의 발달로 사람들은 디지털 게임을 즐기고, 스트리밍 서비스를 이용해 음악을 듣고, 전자책을 읽고, 언제 어디서든 다양한 디바이스를 이용해 영화나 애니메이션을 감상한다. 더불어 예술에 있어서도 멀티미디어의 접목이 이루어져 감상자의 참여를 유도하는 새로운 작품들이 탄생하고 있다.

'디지털 스토리텔링Digital storytelling'은 기존에 우리가 익히 알고 있는 전통적 스토리텔링 개념에 디지털이라는 새로운 세대의 기술이 접목되면서 생겨난 개념이다. 단순하게는 디지털 콘텐츠를 만들어낼 때 하는 스토리텔링을 디지털 스토리텔링이라고 생각하면 된다. 〈온라인 디지털 콘텐츠 산업발전법〉 제2조 1항에 의하면, 디지털 콘텐츠는 '부호, 문자, 음성, 음향, 이미지 또는 영상 등으로 표현된 자료 또는 정보로서 그 보존 및 이용에 있어서 효용을 높일 수 있도록 전자적 형태로 제작 또는 처리된 것'을 말한다. 그런 점에서 스토리텔링의 개념 이외에도 제반의 디지털 기술에 대한 이해가 수반될 때 비로소 디지털 스토리텔링은 가능해진다.

디지털 콘텐츠 산업의 성장에는 인터넷이 큰 역할을 했다. 디지털 콘텐츠의 활용이 컴퓨터를 통해 이루어지고, 상품의 검색과 거래까지 모든 것이 인터넷을 통해 해결됨으로써 다양한 콘텐츠에 대한 정보를 보다 빠르게 얻을 수 있었다. 또한 인터넷 거래의 확산은 사업자들 간의 경쟁을 가져왔고, 그로 인해 소비자들은 오프라인보다 훨씬 저렴한 비용으로 콘텐츠에 접근하게 되었다. 이제는 들고 다닐 수 있는 모바일 기기들의 혁신으로 인해 보급 경로가 훨씬 더 확장되었다는 점도 디지털 콘텐츠 산업의 확장에 일조하고 있다.

디지털 스토리텔링에서는 '컨버전스convergence'라는 용어의 의미를 이해하는 것이 중요하다. '컨버전스'란 여러 기술이나 성능의 융합을 말하는데, 특히 기술적인 요소가 그 큰 축을 이루고 있다는 점에서 마치 공학적인 마인드가 없으면 스토리텔링을 할 수 없는 것처럼 보이기도 한다. 그래서 공학적인 지식이 부족한 사람들은 일반적인 스토리텔링보다 디지털 스토리텔링이 훨씬 더 어렵고 복잡한 것이 아닐까 생각하기 쉽다. 물론 만들어질 최종적인 제품이나 상품에 따라 그 분야에 대한 지식을 가지고 있는 것이 큰 힘이 될수도 있다. 처음부터 멀티미디어에 대한 공학적 지식을 가지고 있는 사람은 훨씬 더 쉽게 디지털 스토리텔링에 도전할 수 있다.

하지만 아무리 디지털 스토리텔링이라고 해도 그 모든 과정이 디지털 기술로 이루어지는 것은 아니기 때문에 지레 겁을 먹을 필요는 없다. 환경이나 도구로써 디지털 기술이 사용되는 것이지 그것을 제외한 뼈대는 어디까지나 일반적인 스토리텔링에 기반하고 있다. 핵심은 이야기며, 문제는 그것을 만드는 힘이다. 따라서 스토리텔링을 하는 사람이 반드시 디지털 기술에 대한 전문 지식을 갖고 있어야 하지 않을까 하는 부담감은 갖지 않아도 된다.

기본적인 스토리텔링의 훈련이 되어 있다면 디지털 스토리텔링에 대한 접근도 결코 어렵지 않다. 이미 우리는 디지털 기기들에 익숙하다. 그렇기 때문에 그것을 어떻게 활용할 것인가에 대한 이해와 열정만 있다면, 굳이 공학적인 기술까지는 터득하지 못한다고 해도 원리에 대한 이해까지는 어렵지 않게 도달할 수 있을 것이다. 혹은 작업을 서로 분담해 스토리텔링과 기술 분야 간의 협력을 이끌어낸다면 작업 능률도 증진시킬 수 있고 각각의 분야에 대한 전문성을 살리는 효과도 볼 수 있을 것이다.

인터랙티브
스토리텔링

인터랙티브 스토리텔링은 디지털 스토리텔링의 한 종류다. '인터랙티브interactive'는 '상호적인', '상호작용을 하는'의 의미를 갖는다. 따라서 인터랙티브 스토리텔링은 '상호작용을 하는 스토리텔링'이라는 의미로 해석될 수 있다. 이 명칭은 원래 미국의 유명한 게임 디자이너인 크리스 크로포드가 언급했던 엔터테인먼트의 종류에서 유래하는 것으로서 상호작용성에 기반을 둔 컴퓨터 게임에서 처음 언급되었다. 인터랙티브 스토리텔링은 일반적인 스토리텔링과는 다른 특징을 갖고 있다.

기존의 스토리텔링은 시간의 흐름에 따른 선형적線形的 서사를 기본으로 하는 반면, 인터랙티브 스토리텔링은 비선형적非線形的 서사를 지향한다. 그 특징을 대표하는 것이 바로 '상호작용'이다. 우리가 흔히 알고 있는 일반적인 스토리텔링은 전통적인 서사의 방식에 따라 전달자가 수용자에게 일방적으로 이야기를 들려주는 방식을 지닌다. 하지만 '상호작용'이라는 단어가 의미하듯 인터랙티브 스토리텔링에서의 서사는 전적으로 전달자에 의해서 구축되는 것이 아니다. 왜냐하면 인터랙티비티interactivity가 있는 이야기는 수용자의 참여로 완성되며, 그 수용자가 어떤 방식으로 이야기에 참여했느냐에 따라 이야기의 흐름과 결말이 달라진다.

먼저 일반적인 스토리텔링의 메시지 전달 형식을 기호로 나타내면 다음과 같다.

스토리텔링의 메시지 전달 과정

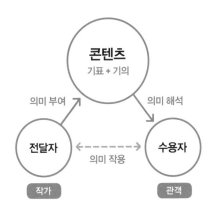

그림에서 알 수 있듯 전달자는 스토리텔링을 통해 하나의 콘텐츠를 만들어낸다. 이때 전달자는 콘텐츠 속에 전달하고자 하는 메시지를 담아냄으로써 일련의 의미를 부여한다. 그리고 만들어진 콘텐츠 안에서 전달자가 전달고자 하는 의미, 즉 '기의'는 이미 완성되어 있다. 수용자는 그 콘텐츠를 그저 수동적으로 감상하기만 하면 된다. 물론 콘텐츠를 감상하면서 그 안에 들어 있는 메시지를 찾는 능동적인 유추 행위를 수반하기는 한다. 그런데 수용자가 유추해낸 메시지는 애초에 전달자가 심어놓은 그것과 완벽히 일치할 수는 없다. 왜냐하면 수용자가 접하는 것은 이미 만들어진 하나의 콘텐츠라는 형태일 뿐 메시지를 직접적으로 건네받는 것은 아니기 때문이다. 따라서 메시지를 알기 위해서는 다만 전달자가 만들어놓은 방식을 따라 그 콘텐츠를 이해하는 수동적인 자세만을 취할 수 있을 뿐이다. 결국 전달자와 수용자 간의 의미 작용은 전달자가 만들어놓은 메시지가 제대로 전달되었느냐 그렇지 않느냐에 따라 성패가 달라지는 것이다.

인터랙티브 스토리텔링으로 메시지를 전달하는 형식을 살펴보면, 일반적인 스토리텔링과는 달리 전달자는 콘텐츠를 만들어냄에 있어서 완전한 의미 부여를 하지 않는다. 따라서 만들어진 콘텐츠 안에 담긴 메시지, 즉 기의는 완성된 형태의 것이 아닌 미완의 형태로 남아 있게 된다. 그렇기 때문에 수용자는 메지시를 알아내기 위해 그저 수동적으로 콘텐츠를 감상하는 것에 그치지 않고 직접적인

인터랙티브 스토리텔링의 메시지 전달 과정

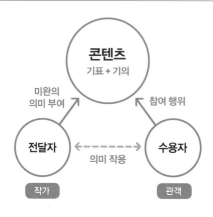

참여를 통해서 기의를 완성해내야 한다. 결국 수용자의 직접적 참여 없이는 의미 작용이 이루어지지 않는다는 점에서 기존의 스토리텔링과 큰 차이를 보인다. 다시 말해 소비자들은 일반적인 스토리텔링에 의해 만들어진 콘텐츠를 즐기기 위해서는 그저 감상하는 것만으로도 충분했지만, 인터랙티브 스토리텔링에 의해 만들어진 콘텐츠를 즐기기 위해서는 직접 그 콘텐츠에 참여적 행위해야만 한다.

인터랙티브 스토리텔링은 수동적인 관객이 참여를 통해 콘텐츠에 능동적으로 직접 참여하게 함으로써 새로운 의미를 도출해낸다는 장점이 있다. 보다 다양한 즐거움을 줄 수 있다. 또 닫힌 결말이 아닌 열린 결말을 갖는 구조를 형성함으로써 그것을 접하는 사람들이 스스로 새로운 결말을 만들어내게끔 유도하는 것이 바로 비선형적 서사의 특징이다. 이러한 특징을 가장 잘 활용하고 있는 분야가 바로 게임이며, 요즘은 다양한 분야에서 이러한 스토리텔링을 활용해 콘텐츠를 생산하고 있다.

가상현실과
스토리텔링

아리스토텔레스에 의하면 공간은 독자적으로 존재하는 것이다. 컴퓨터가 등장하기 이전까지의 공간 개념은 일정한 크기와 모양을 가진 실체가 점유할 수 있는, 혹은 점유하고 있는 3차원적 위치, '연장延長'을 의미했다. 그런데 컴퓨터의 등장과 함께 '사이버 공간'이라는 새로운 공간이 등장하면서 기존의 공간에 대한 정의가 무너졌다. 사이버 공간의 탄생으로 인해 실제로 존재하는 것으로 여겨졌던 공간의 정의는 수정되어야 하는가? 아니면 사이버 공간은 공간이 아닌가? 우리가 매일 활용하고 있는 인터넷의 공간은 실체가 머무르고 있는 3차원적인 실제 공간이 아니지만, 통신망 안에 구축되어 있는 공간이라는 것은 분명한 사실이다. 결국 기존의 공간 개념에 사이버 공간이라는 하나의 공간 개념이 추가되었다고 생각하면 된다.

컴퓨터와 인터넷의 발달로 인해 형성된 사이버 공간은 테크놀로지의 발전과 더불어 점점 더 현실적으로 활용되기 시작했다. 유비쿼터스(사용자가 네트워크나 컴퓨터를 의식하지 않고 장소에 상관없이 자유롭게 네트워크에 접속할 수 있는 정보통신 환경) 시대를 살아가면서 우리는 언제 어디서든 다양한 정보를 얻을 수 있게 되었고, 단 하루도 가상의 공간에 접속하지 않는 사람들이 없을 만큼 사이버 공간은 대중화되었다. 실생활에 유용하게 쓰이는 사이버 공간이 더 실감나게 재현되면서 일상으로 더 깊숙이 파고들고 있다. 이 때문에 종종 현실의 세계와 가상의 세계를 혼동하는 일도 생겨난다.

가상현실VR, Virtual Reality은 컴퓨터로 만들어진 특수한 상황이나 환경을 의미한다. 그리고 그것을 사용하는 사람은 가상으로 만들어진 가짜 세계 속에서 마치 실제처럼 상호작용을 하는 것처럼 느낀다. 이처럼 실제가 아닌데도 실제인 것처럼 여겨지는 것을 철학자 보드리야르Jean Baudrillard는 '시뮬라크르simulacre'라고 부른다.

실제로는 존재하지 않는 대상을 존재하는 것처럼 만들어놓은 인공물을 지칭한다. 시뮬라크르는 흉내낼 대상이 없는 이미지이며, 이 원본 없는 이미지가 그 자체로서 현실을 대체하고, 현실은 이 이미지에 의해서 지배받게 되므로 오히려 현실보다 더 현실적인 것이다.

현대전을 예로 들어보자. 미사일 발사는 화면이라는 컴퓨터로 보면서 하지 실제 미사일의 움직임을 육안으로 보면서 하지 않는다. 이때 시뮬라크르인 화면상의 미사일 궤도는 실제 탄의 궤도일 것이며, 더 나아가 실제 탄이 목표에 맞았는지 맞지 않았는지 이제는 중요치도 않은 일이 되어 버렸다. 결국 시뮬라크르는 실제보다 더 실제적인 것이다. 이 시뮬라크르는 아울러 어떤 실제 존재하고 있는 것하고는 아무런 관계도 없다. 독자적인 하나의 현실이라 할 것이다.

오히려 우리가 지금까지 실제라고 생각했던 것들이 바로 이 비현실이라고 하였던 시뮬라크르로부터 나오게 된다. 흉내내거나 모방할 때는 이미지란 실제 대상을 복사하는 것이었지만, 지금은 오히려 실제 대상이 가장된 이미지를 따라야 한다.*

실제보다도 더 실제 같은, 그리고 실제가 아니면서도 실제를 대체하는 그런 모든 것들이 시뮬라크르이며, 그런 시뮬라크르를 만들어내는 과정을 '시뮬라시옹Simulation'이라고 부른다. 그리고 시뮬라시옹은 우리가 흔히 말하는 '시뮬레이션'이라는 말과 동일하다. 사전적인 정의에 의하면 시뮬레이션이란 "복잡한 문제나 사회 현상 따위를 해석하고 해결하기 위해 실제와 비슷한 모형을 만들어 모의

* 장 보드리야르, 하태환 옮김, 《시뮬라시옹》(민음사, 1997), pp.9~10.

적으로 실험하여 그 특성을 파악하
는 일"을 말하는데, 쉽게 말해 가상
현실을 이용해 모의 실험을 하거나
특성을 파악하는 일이 된다.

영화 〈매트릭스〉를 보면 가상현
실이 무언지 쉽게 이해할 수 있으면
서도 그에 대한 철학적 사유까지 공
유할 수 있다. 〈매트릭스〉는 인공
지능을 가진 컴퓨터가 지배하는 세
계, 그리고 인간을 가축처럼 키워

영화 〈매트릭스〉

서 에너지원으로 활용하는 시대가 배경이다. 그리고 인간들은 '매
트릭스'라는 가상의 세계에 살고 있다. 실제로는 인큐베이터 속에
서 컴퓨터와 연결된 채 목숨을 유지하고 있지만 인간들은 그 사실
을 알지 못한다. 그러던 어느 날 컴퓨터와의 접속을 끊고 인큐베이
터에서 탈출한 해커들은 가상의 세계로부터 인간을 구원하기 위해
'네오'라는 인물을 찾아나선다. 그리고 우여곡절 끝에 가상과 현실
의 혼동으로부터 벗어난 네오는 프로그램이 만든 가짜 세계에 침투
해 인간을 위한 사투를 벌이게 된다. 〈매트릭스〉 속의 가상현실은
현실과 너무도 흡사하게 만들어져 있어 사람들은 자신들이 실제의
세계에서 살고 있는 것처럼 느끼게 만든다. 그것은 컴퓨터에 의해
만들어진 것을 알고 난 후에도 사람들은 실제와 가상을 혼동할 만

큼 리얼한 세계이기도 하다. 실제로 당시 감독이었던 워쇼스키 형제는 보드리야르의 책《시뮬라크르와 시뮬라시옹》에서 힌트를 얻어 이 영화를 제작했다고 한다. 영화 중간을 보면 실제로 그 책이 소품으로 등장하는데 주인공인 네오가 해킹 프로그램을 숨겨둔 책이 바로 그것이다.

이러한 세계의 구축은 그리 먼 미래의 이야기가 아니다. 그래서 영화의 주제는 결코 가벼운 것이 아니다. 보드리야르가 말했듯 우리가 살고 있는 세계는 시뮬라크르들로 가득하다. 가상 세계가 현실을 지배하는 일이 실제로 일어나고 있기 때문이다. 이미 가상현실은 우

가상현실 장치의 시연 모습

리들의 생활 속에 깊이 자리 잡고 있다. 이 기술을 이용한 대표적인 예가 바로 내비게이션 장치이다. 그 외에도 실제로 경험할 수 없는 위험한 것들이나 신비한 것들을 경험할 수 있게 해주는 장치들도 가상현실에 기반하고 있으며, 특히 게임 분야에서 이를 잘 활용하고 있다.

인터랙티브 무비와
다변수 서사

영화나 드라마를 보다 보면 자신도 모르게 스토리에 빠져들어 주인공이 행복한 결말을 맺었으면 하는 바람을 가질 때가 있다. 하지만 그런 바람은 그저 바람에 불과할 뿐 그냥 극의 흐름을 지켜볼 수밖에 없는 사람들은 일방적인 스토리의 진행 속에서 결과를 기다려야 한다. 그러다가 자신들이 원하는 결말을 볼 수 없는 경우, 사람들은 아쉬워하고 안타까움을 느낀다. 만약 그것이 드라마라면, 일부 시청자들은 당장 컴퓨터를 켜고 방송사 해당 드라마의 홈페이지에 들어가 댓글을 남길 것이다. "제발 주인공을 죽이지 말아주세요"라는 내용의 댓글들이 게시판에 넘쳐나면 담당 작가와 제작진은 고민에 빠진다. 그리고 회의 끝에 원래 의도와는 다르게 시청자가 바라는 대로 해피엔딩으로 드라마의 방향을 수정하는 경우도 있다.

이때 시청자가 취한 행동을 우리는 '인터랙션'이라고 부른다.

　이처럼 인터랙션, 즉 상호작용은 그리 어려운 개념이 아니다. '인터랙티브 무비'의 개념도 바로 그런 상호작용의 연장선상에 놓여 있다. 상호작용을 기반으로 한 소통방식은 기존의 장르에도 변화의 가능성이 있음을 보여준다. 하지만 '인터랙티브 무비interactive movie'라는 장르가 도대체 어떤 방식으로 만들어진 것인지 아는 사람은 많지 않다. 아직까지 우리는 제작자나 감독의 의도에 따라 이야기의 방향이 미리 정해져 있는 영화에 익숙하고, 영화란 원래 그런 것이라고 생각해왔다. 특히 참여에 익숙하지 않은 사람들은 자리에 앉아서 만들어진 것을 감상하기를 훨씬 더 선호한다. 그래서 영화관에 가면 모두 영사기가 보여주는 영상에 시선을 집중한 채 숨 죽이고 앉아 있는 것이다.

　반면 상호작용이 들어간 영화에서는 관객이 아무런 행위를 하지 않는다면 스토리 자체가 진행되지 않는다. '인터랙티브'라는 말 그대로 인터랙티브 무비는 반드시 상호작용을 전제로 하기 때문이다. 그러면 영화에서 도대체 어떻게 인터랙티비티, 상호작용이 발생하는가도 딱 잘라 설명하기 어렵다. 아직까지 여러 방면으로 시도하고 있는 분야이기 때문에 다양한 가능성이 열려 있어 확정적으로 이야기하기 힘들다. 쉽게 말해 '영화와 게임을 접목시켜 놓은 것' 정도로 생각하면 된다. 관객은 영화를 관람하는 동시에 영화의 스토리에 직접 참여하여 스토리의 방향을 결정할 수 있으며, 선택된 행위에 따라 이야기의 흐름과 결말이 달라지는 것이 인터랙티브 무비다. 이러한 시도 자체가 굉장히 실험적이라 그럴 수도 있지만 아직까지 실제로 만들어진 인터랙티브 무비는 몇 편 안 된다. 영화관에 상영되기에도 극복해야 할 문제점들이 너무 많다. 가장 조율이 힘든 부분은 러닝타임에 맞는 상영시간의 확보다.

인터랙티브 무비는 시나리오를 쓰는 일에서부터 기존의 일반적인 영화와는 다른 양상을 보인다. 일단 쌍방향의 소통을 통해 하나의 완성된 이야기를 만들어가는 영화를 위해서는 기존의 시나리오 서사보다도 훨씬 더 복잡하고 많은 시나리오가 필요하다. 당연히 촬영 분량도 많아진다. 게다가 쌍방향의 소통을 위해서는 영상 자체의 러닝타임 이외에도 관객들의 참여 시간도 러닝타임에 포함되어야 하기 때문에 상영시간도 달라질 수 있다.

영화에 참여할 수 있는 인원의 설정을 어떻게 하느냐도 문제다. 누가 어떤 결정을 하느냐에 따라서 이야기가 달라지기 때문에 단 한 사람만 그 영화에 참여하면 당연히 하나의 스토리밖에 감상할 수 없다. 그럼 애초에 다양한 스토리의 흐름을 볼 수 있다는 인터랙티브 무비의 의도 자체가 무색해지는 게 아닌가. 따라서 하나의 영화를 통해 여러 이야기를 감상하기 위해서는 다양한 시도나 결정을 모두 관람할 수 있는 기회가 제공되어야 하고, 또한 참여할 수 있는 기회를 보다 많은 사람들에게 제공해야 한다. 이런 여러 가지 문제로 인해 현재까지 나와 있는 인터랙티브 무비는 대부분 러닝타임이

영화 〈라스트 콜〉

매우 짧다. 실제 작품의 예를 들어보자.

　선택의 상황을 직접 관객에게 맡긴 영화로는 〈라스트 콜〉을 들 수 있다. 이 영화는 독일의 공포 전문 케이블 채널 '13TH STREET'에서 만들어진 작품으로 최초의 인터랙티브 호러 영화로 불린다. 이 작품은 실제로 극장에서 상영되었는데, 한 요양원에서 주인공이 살인마와의 사투를 벌인다는 내용을 담고 있다. 줄거리는 간단하다.

영화 〈라스트콜〉의 상영 시스템

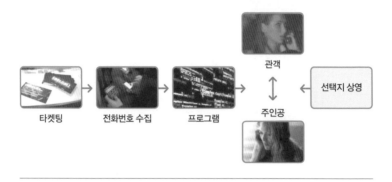

주인공은 살인마로부터 도망치다가 어려움에 처할 때마다 누군가에게 전화를 걸어 도움을 요청하는데, 그 전화는 영화 속 다른 등장인물이 아닌 관람객에게 직접 연결이 된다. 영화를 보고 있다가 느닷없이 걸려온 전화에 관객은 놀라면서도 영화 속 주인공에게 조언을 하고, 그 조언을 따라 영화 속 주인공이 행동함으로써 이야기가 진행된다.

관객들은 영화가 주는 을씨년스러운 분위기에서도 자신의 통화가 이야기 속의 주인공을 도울 수 있기를 바라면서 선택 상황을 즐기게 되는데, 이러한 영화를 만들 수 있는 배경에는 첨단 IT 기술이 숨어 있다. 관객은 극장에 들어가기 전에 티켓을 구매할 때 자신의 전화번호를 적어서 내게 되어 있고, 영화가 시작되고 스크린 속 주인공이 전화를 걸면 프로그램이 무작위로 관객의 전화번호를 선택

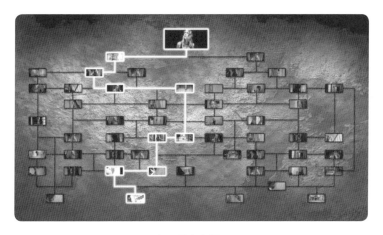

라스트콜의 서사구조

해서 전화를 건다. 전화를 받은 관객은 실제로 주인공과 통화를 하는 것처럼 보인다. 하지만 사실은 관객의 결정을 전달받은 프로그램이 주인공의 행동과 맞아 떨어지는 내용을 이어주면서 관객과 영화 속 주인공이 상호작용한 것을 보여주는 원리다.

이 영화는 다른 일반 영화에 비해 아주 짧은 분량이지만 관객들에게 참신한 재미를 선사한다. 하지만 서사를 이루고 있는 가능한 모든 플롯의 스토리를 감상하려면 상영시간이 기하급수적으로 늘어날 수밖에 없다. 위의 그림처럼 〈라스트콜〉은 다양한 서사 분기점을 가지고 있다. 따라서 관객이 한 번의 상영을 통해 감상할 수 있는 스토리는 단순해 보일 수 있어도, 전체의 모든 서사와 서로 다른 결말을 감상하기 위해서는 계속 관람을 반복해야만 한다.

이러한 시도는 기존의 영화를 색다르게 즐기는 방법을 제시했다는 점에 큰 의미가 있고, 근본적으로 그 구조는 게임과 닮아 있다. 〈헤비 레인〉이라는 플레이스테이션 게임을 보면 그 구조가 마치 영화와 흡사하다. 〈헤비 레인〉은 어드벤처 게임의 형식과 영화적 요소를 결합한 작품으로 4명의 등장인물이 각자에게 벌어진 사건을 풀어나간다. 각각의 스토리는 모두 결국 살인 현장에 종이인형을 두고 가는 살인마와 얽히는데, 플레이어는 주어진 선택 상황에서 조건을 수행해야 하고 그 결과에 따라 스토리가 바뀐다. 이 게임은 영화를 보는 재미와 게임을 하는 재미의 완벽한 합치를 이루지 못했지만 나름 두 분야의 접목을 시도했다는 점에서 의의가 있다고 할 수 있다. 그리고 비록 영화가 아니라고 하더라도 플레이어가 이야기에 직접 참여하여 즐길 수 있는 구조를 가지고 있다는 점을 상기하면 〈라스트 콜〉에서와 마찬가지로 인터랙션의 의미를 이해하기에는 충분한 예가 될 것이다. 또한 서사 형식은 아니지만, 〈마리텔〉이란 TV 프로그램도 시청자들이 실시간으로 접속해서 출연자들의 반응을 바꿀 수 있다는 점에서 인터랙션이 반영되었다고 볼 수 있다.

최근에 넷플릭스에서 만들어진 〈밴더스 내치〉는 스크린 상영이 가진 한계 때문에 다양한 서사를 진행시키기 어려운 인터랙티브 영화의 새로운 방향성을 제시했다. 게임 제작자인 주인공이 하나의 게임을 완성하기까지의 줄거리를 담고 있는 이 작품은 넷플릭스

넷플릭스 제작 인터랙티브 무비 〈밴더스내치〉

가 제공하는 '온라인 스트리밍' 방식 때문에 보다 손쉽게 인터랙션을 유도해낼 수 있었다. 컴퓨터를 통해 영화를 감상하면서 때에 따라 본인이 원하는 갈래의 서사 방향을 선택할 수 있도록 함으로써 관객의 참여를 유도하는 방식은 기존의 스크린 상영이 갖는 한계를 넘어섰다는 점에서 큰 의의를 갖는다. 이 영화의 인터랙션은 서사의 분기점마다 선택지를 제시하고 관객의 선택에 따라 이야기가 진행 시키는 형식을 갖추고 있는데, 이는 머드게임의 진행 방식에서 따온 것이다. 게임의 방식을 고스란히 영화에 적용시킨 것이다. 따라서 여러 사람이 함께 관람을 해야 하는 스크린 상영관과는 다르게 전적으로 자신이 원하는 방향으로 이야기를 관람할 수 있다. 서사의 배열이 다양한 만큼 여러 가지 플롯의 스토리를 즐길 수 있다

〈밴더스내치〉의 서사 분기 선택 장면

는 장점이 있고, 엔딩 또한 다양하게 감상할 수 있게 만들어졌다.

　이러한 스토리의 구조를 만들어내기 위해서는 얼마나 다양한 분기점을 설정하느냐가 관건이다. 완성도를 높이기 위해서는 여러 갈래의 서사를 동시에 작성해서는 안 된다. 분기점에 도달한 이야기

들이 어떻게 퍼져나가고 또 어떻게 만나며 어떤 결말에 도달하는가
의 구조를 먼저 완성한 후, 여기에 상세한 스토리의 살을 붙이는 것
이 좋다.

맺는글

스토리텔링,
요리처럼 배울 수 있다

　스토리텔링은 요리와 비슷하다. 기본 레시피도 모르는 상태에서 요리를 하면 망칠 수밖에 없다. 이것은 형식의 문제다. 스토리텔링을 하기 위해서는 해당 분야에 대해 잘 알고 있어야 한다. 레시피를 알아도 재료가 중요하다. 레시피가 제아무리 훌륭해도 재료가 안 좋으면 맛있는 요리를 할 수가 없듯, 스토리텔링도 소재 자체가 좋아야 한다.

　칼질 좀 할줄 안다고 자만하다가는 손가락을 다치기 십상이다. 꾸준한 연습을 통해 자연스럽게 재료를 다룰 줄 알아야 한다. 글을 좀 써봤다고 별다른 연습 없이 무턱대고 자판을 두드리면 고생만 할 뿐이다. 불조절을 잘 해야 맛을 살릴 수 있듯, 의욕만 가지고 스토리를 밀고 나갔다가는 기승전결이 없어지고 만다. 때문에 강약 조절을 할 줄 알아야 한다. 된장찌개 끓이는 법을 배우고 거기에 만족하면 365일 된장찌개만 먹어야 한다. 다양한 스토리를 만들어보고 영역을 확장시켜 나가는 연습이 필요하다. 그리고 자연의 맛을 고집하는 게 아닌 이상 적절한 조미료의 활용이 필요하듯, 스토리에도 적당한 세련미를 추가하는 게 필요하다. 그래야만 상품성도 높아진다.

요리하고 남은 재료들을 그냥 묵혀두면 음식쓰레기가 될 뿐이다. 스토리텔링도 마찬가지다. 제때 쓰지 못하고 남겨둔 재료, 아이디어를 재활용하고 응용할 줄 알면 이야깃거리가 끊이지 않는다. 요리가 비로소 익숙해지고 어떤 요리든 만들 줄 알게 되면 손대중만으로도 맛을 낸다. 스토리텔링도 꾸준한 노력으로 숙달되면 그만큼 쉽게 맛을 살릴 수 있다는 뜻이다. 뻔한 이야기처럼 들리지만 결국 많이 써보는 수밖에 없다.

오늘날 개인들은 삶의 질적 만족을 추구한다. 그리고 이는 문화를 향유하는 삶을 통해 한 걸음 더 가까워진다. 매체의 다양화에 따라 소통 방식도 달라지고 있으며, 그 소통 수단이 바로 수익 창출의 수단이 되고 있다. 이때 수익은 문화 콘텐츠에서 얻어지는 경우가 많고 개인 매체를 통한 무한경쟁의 시장을 형성한다. 따라서 심미적, 정서적, 감각적 자극이 보다 중요해지고 그에 따라 소비자의 관심을 끌 수 있는 스토리텔링의 방법 자체가 콘텐츠 창작의 중요한 경쟁력으로 떠오르고 있다. 이제 스토리텔링이 아닌 게 없다. 삶을 살아가는 것 자체가 스토리텔링이다. 의도적이든, 의도적이지 않든 꾸며지지 않은 삶은 없다. 누구를 만나든 무슨 이야기를 하든 우리는 일련의 스토리텔링을 통해 소통과 공감을 하며 살아가기 때문이다. 그런 점에서 우리 모두는 스토리텔러다.

스토리텔링이 무언인지 이해하고, 또 그곳에서 가능성을 보았다면 지금부터 당장이라도 시작해보자. 먼저 이야기를 들려줄 대상이 누군지 고려하고 전달 매체를 선택한 후, 그에 맞는 형식의 이야기를 만들어내면 된다. 오늘이든 먼 미래든 초보자들이 스토리텔링의 출발점에서 기억해야 할 것은 하나뿐이다. 내용이 '막장'이라도 반드시 끝을 보아야 한다는 것. 꼭 마무리를 지어야 한다. 그리고 펜을 드는 순간 잊어야 할 한 가지는 바로 대작을 만들어내겠다는 욕심을 버리는 것이다. 그렇게 한 편, 두 편 이야기를 만들다 보면 한 사람, 두 사람 당신의 이야기에 귀를 기울이기 시작하는 순간을 맞을 것이다. 그 기쁨을 꼭 맛보길 바란다.

팔리는 콘텐츠의 비밀

초판 1쇄   2019년 8월 30일

지은이   김정석
책임편집   박병규
마케팅   김선미

펴낸곳 생각정거장   **펴낸이** 전호림
등록   2003년 4월 24일(No. 2-3759)
주소   (04557) 서울시 중구 충무로 2(필동1가) 매일경제 별관 2층
홈페이지 www.mkbook.co.kr
전화   02)2000-2612(기획편집) 02)2000-2636(마케팅) 02)2000-2606(구입 문의)
팩스   02)2000-2609   **이메일** publish@mk.co.kr
인쇄·제본 ㈜M-print   031)8071-0961
ISBN 979-11-6484-007-6(03680)